PRINCIPES
DU
DROIT
POLITIQUE

TOME SECOND.

A AMSTERDAM,

Chez ZACHARIE CHATELAIN.

M. DCC. LI.

PRINCIPES DU DROIT POLITIQUE.

QUATRIÉME PARTIE.

Dans laquelle on traite des différens Droits de la Souveraineté à l'égard des Etats étrangers, du Droit de la Guerre & de tout ce qui y a rapport, des Traités publics & du Droit des Ambassadeurs.

CHAPITRE PREMIER.

De la Guerre en général, & premièrement du Droit du Souverain sur les Sujets à cet égard.

§. I. TOUT ce que l'on a dit jusqu'ici des parties essentielles de la Souveraineté, regarde proprement & directement le gouvernement intérieur de l'Etat : mais comme le bonheur & la prospérité d'une Nation demande non seulement que l'on y maintienne l'ordre & la paix au dedans, mais encore que l'on puisse se mettre à couvert des insultes des ennemis du dehors, & se procurer de la part des autres Etats tous les secours utiles que l'on en peut tirer; nous devons passer à présent à l'examen de ces parties de la Souveraineté qui regardent directement la sureté & les avantages extérieurs de l'Etat, & traiter les questions les plus essentielles qui y ont rapport.

§. II. Pour reprendre les choses dès leur origine, il faut d'abord remarquer ici que le genre humain s'étant partagé en diverses Sociétés particulières, que l'on appelle *Etats* ou *Nations*, & ces différens corps politiques formant entr'eux une espéce de Société, ils se trouvent aussi soumis à ces loix primitives & générales, que Dieu lui-même a données à tous les hommes, & qu'en conséquence ils sont obligés de pratiquer entr'eux certains devoirs.

§. III. C'est le systême ou l'assemblage de ces loix, que l'on appelle proprement le *Droit des Gens* ou *la Loi des Nations*: & ces loix ne sont autre chose dans le sonds que les loix naturelles même, que les hommes considérés comme membres de la Société humaine en général doivent pratiquer les uns envers les autres : ou pour dire la chose en d'autres termes, le droit des gens n'est autre chose que la loi générale de la *Sociabilité*, appliquée non aux particuliers qui composent la Société, mais aux hommes considérés comme formant entr'eux différens corps que l'on appelle *Etats* ou *Nations*.

§. IV. L'état naturel des Nations, les unes à l'égard des autres, est sans doute un état de société & de paix : tel est l'état naturel & primitif de l'homme par rapport à tout autre homme, & quelque modification particulière que les hommes puissent apporter à leur état primitif, ils ne sçauroient, sans blesser leurs devoirs, donner atteinte à cet état de paix & de société dans lequel ils se trouvent naturellement, & que les loix naturelles leur recommandent si fort.

§. V. De là découlent plusieurs loix du droit des gens; par exemple, que toutes les Nations doivent se regarder comme naturellement égales & indépendantes les unes des autres, & se traiter comme telles dans l'occasion ; qu'elles ne doivent se faire aucun mal ; & au contraire réparer celui qu'elles pourroient avoir fait. De là encore le droit qui leur appartient de travailler à leur conservation & à leur bonheur, & d'employer la force & les armes contre ceux qui se déclarent leurs ennemis. La fidélité dans les traités & les alliances, & les égards que l'on doit aux Ambassadeurs viennent aussi du même principe. Telle est l'idée que l'on doit se faire du droit des gens en général.

§. VI. Nous ne nous proposons pas d'entrer ici dans le détail de toutes les questions de politique que peut présenter le droit des gens : nous nous contenterons d'examiner ces trois matières, qui, étant plus considérables, renferment presque toutes les autres : je veux dire le *Droit de la Guerre*, celui des *Traités & des Alliances*, & celui des *Ambassadeurs*.

§. VII. La matière du droit de la guerre est également importante & étendue ; elle mérite par conséquent d'être traitée avec quelque exactitude. Nous avons déja remarqué ci-dessus que c'est une maxime fondamentale du droit de la nature & des gens, que les particuliers & les Etats doivent vivre entr'eux dans un Etat d'union & de société; qu'ils ne doivent se faire aucun mal ni se causer aucun dommage, & qu'au contraire chacun doit exercer envers autrui les devoirs de l'humanité.

§. VIII. Lorsque les hommes pratiquent ces devoirs les uns envers les autres, on dit qu'ils sont dans un état de paix. Cet état est sans doute le plus conforme à la nature humaine, le plus capable de la conserver, celui dont l'établissement & le maintien est le but principal des loix de la nature.

§. IX. L'état opposé à cet état d'union & de paix est ce qu'on appelle la *Guerre*, qui, dans le sens le plus général, n'est autre chose que l'état de ceux qui tâchent de vuider leurs différens par les voies de la force, considérés comme tels. J'ai dit que c'est là le sens le plus général; car dans un sens plus resserré, l'usage ordinaire a restreint la signification du mot de *Guerre*, à celle qui se fait entre des Puissances souveraines *.

§. X. Quoique l'état de paix & d'une bienveillance mutuelle, soit sans doute le

* *Vid. infr. Cap. III.*

plus naturel à l'homme & le plus convenable aux loix qu'il doit suivre, la guerre ne laisse pas d'être permise dans de certaines circonstances, & quelquefois même d'être nécessaire, soit à l'égard des particuliers, soit à l'égard des Nations : c'est ce que nous avons déja suffisamment prouvé dans la seconde partie de cet Ouvrage, en établissant les droits que la nature donne à l'homme pour sa propre conservation, & les moyens qu'il peut légitimement employer pour cela. Tous les principes que nous avons établis là-dessus à l'égard des particuliers, conviennent également & même à plus forte raison aux Nations.

§. XI. La loi de Dieu ne recommande pas moins au corps des Nations de travailler à leur conservation, qu'aux hommes en particulier : il est donc juste qu'elles puissent employer la force contre ceux qui se déclarant leurs ennemis, violent envers elles la loi de la sociabilité, leur refusent ce qui leur est dû, cherchent à leur enlever leurs avantages & à les détruire. Il est donc du bien même de la Société, que l'on puisse réprimer efficacement la malice & les efforts de ceux qui en renversent les fondemens : sans cela le genre humain deviendroit la victime du brigandage & de la licence, & le droit de faire la guerre est, à proprement parler, le moyen le plus puissant de maintenir la paix entre les hommes.

§. XII. Il faut donc tenir pour constant, que le Souverain, entre les mains duquel on a remis l'intérêt de toute la Société, a le droit de faire la guerre : mais si cela est ainsi, il faut par une conséquence nécessaire, lui donner en même tems le droit d'employer tous les moyens nécessaires pour cela. En particulier il faut lui accorder le pouvoir de lever des troupes, d'enrôler des soldats, & de les obliger à remplir toutes les fonctions les plus périlleuses, & même au péril de leur vie : & c'est là une branche du droit de vie & de mort, qui appartient incontestablement au Souverain.

§. XIII. Mais comme, la force & la valeur des troupes dépend en bonne partie de l'habitude où elles sont des exercices militaires, le Souverain doit même en tems de paix former les citoyens à ces exercices, afin qu'ils soient plus propres dans l'occasion à supporter les fatigues de la guerre, & à en remplir les différentes fonctions.

§. XIV. L'obligation où sont à cet égard les sujets, est si rigoureuse & d'une si grande force, qu'il n'y a, à parler à la rigueur, aucun citoyen qui puisse s'exempter de prendre les armes dans l'occasion, & le refus de le faire seroit un juste sujet de ne plus tolérer dans la Société ceux qui voudroient se dispenser de cette charge : si donc pour l'ordinaire il y a dans les Etats quelques citoyens que l'on exempte des exercices militaires, cette immunité n'est point un privilége qui leur appartienne de droit, c'est une tolérance qui n'a de force qu'autant que l'on a d'ailleurs assez de troupes pour la défense de l'Etat, & que les personnes à qui on l'accorde remplissent quelques autres fonctions utiles & nécessaires ; mais à cela près & dans un besoin, tous ceux qui sont en état doivent marcher à la guerre ; & personne ne sçauroit s'en dispenser légitimement.

§. XV. C'est par une conséquence des mêmes principes que la discipline militaire est très-rigoureuse : la plus petite négligence, la moindre faute est souvent de la dernière conséquence, & pour cela peut être punie très-rigoureusement. Les autres Juges pardonnent quelque chose à la foiblesse humaine ou à la violence des passions; mais dans un Conseil de guerre on n'a pas tant d'indulgence, & on punit souvent du dernier supplice un soldat à qui la crainte d'une mort prochaine fait abandonner son poste.

§. XVI. Il est donc du devoir de ceux qui sont une fois entrôlés, de tenir ferme dans le poste où le Général les a placés, & de combattre vaillamment lors même qu'ils courent vraisemblablement risque d'y perdre la vie : vaincre ou mourir, est la loi de ces sortes de combats; & il vaut sans contredit mieux perdre la vie glorieusement en tâchant de l'ôter à l'ennemi, que de périr tout seul avec lâcheté. On peut juger par là de ce qu'on doit penser de ces Capitaines de vaisseaux, qui par l'ordre de leur supérieur se font sauter en l'air plutôt que de tomber entre les mains de l'ennemi : en effet, supposé que le nombre des vaisseaux soit égal de part & d'autre, si un de nos vaisseaux vient à être pris, l'ennemi en aura deux de plus que nous, au lieu que si un des nôtres périt il n'en aura qu'un de plus; & même si le vaisseau qui veut se rendre maître du nôtre périt avec nous, comme cela arrive souvent, les forces demeureront dans l'égalité.

§. XVII. Pour ce qui est de la question si les citoyens sont obligés de prendre les armes & de servir dans une guerre injuste, il faut en juger par les principes que nous avons établis ci-dessus sur la fin du Chapitre premier, qui *traite du Pouvoir législatif*.

§. XVIII. Telles sont les obligations des sujets par rapport à la guerre & à la défense de l'Etat; mais cette partie de la Souveraineté très-importante en elle-même, demande aussi de grands ménagemens de la part du Souverain, pour être exercée d'une manière avantageuse à l'Etat. Indiquons ici les principales maximes de la politique à cet égard.

§. XIX. Et premiérement il est bien évident que la principale force d'un Etat à l'égard de la guerre, consiste dans le nombre de ses habitans: les Souverains ne doivent donc rien négliger de tout ce qui peut contribuer à l'entretenir & à l'augmenter.

§. XX. Entre tous les moyens que l'on peut mettre en usage pour cela, il y en a trois entr'autres, qui sont d'une très-grande efficace. Le premier, c'est de recevoir sans peine & avec facilité tous les étrangers d'un bon caractère qui veulent s'établir chez nous, de leur procurer la jouissance de toutes les douceurs du Gouvernement, & de leur faire part des avantages de la liberté civile. Ainsi l'Etat se remplit de citoyens qui apportent avec eux les arts, le commerce & les richesses, & dans lesquels on peut trouver dans le besoin un nombre considérable de bons soldats.

§. XXI. Une autre chose & qui va au même but, c'est de favoriser & d'encourager les mariages qui sont la pépinière de l'Etat, & de faire à cet égard de bonnes loix. La douceur du Gouvernement peut entr'autres choses beaucoup contribuer à porter les citoyens à se marier. Des sujets surchargés de tailles & d'impôts, qui peuvent à peine par leur travail trouver de quoi satisfaire aux nécessités de la vie & aux charges publiques, ne se portent pas volontiers au mariage, dans la crainte qu'eux & leurs enfans ne soient réduits à mourir de faim.

§. XXII. Enfin, un autre moyen très-propre à entretenir & à augmenter le nombre des habitans, c'est la liberté de conscience. La Religion est un des plus grands avantages de l'homme, tous les hommes l'envisagent sur ce pied-là : tout ce qui va à leur ôter la liberté à cet égard leur paroît insupportable ; ils ne sçauroient s'accoutumer qu'avec peine à un Gouvernement qui les tyrannise là-dessus. La France, l'Espagne & la Hollande, nous présentent aujourd'hui des preuves sensibles de la vérité de ces remarques : les persécutions ont fait perdre à la première une très-grande partie de ses habitans, ce qui l'a considérablement affoiblie : la seconde se trouve presque dépeuplée aujourd'hui, & cette dépopulation est causée principalement par cet établissement barbare & tyrannique, que l'on appelle l'*Inquisition* ; établissement également outrageux à la Divinité & pernicieux à la Société humaine, & qui a fait d'un des plus beaux pays de l'Europe, une espèce de désert. La troisième enfin, au moyen d'une entière liberté de conscience qu'elle offre à tout le monde, s'est considérablement augmentée au milieu même des guerres & des disgraces : elle s'est élevée, pour ainsi dire, sur les débris des autres Nations, & elle jouit d'un crédit & d'une prospérité dont elle est redevable au nombre de ses habitans qui lui ont apporté tout à la fois la force, le commerce & les richesses.

§. XXIII. Le grand nombre des habitans d'un pays en fait donc la principale force; mais il faut d'ailleurs pour cela, que les citoyens soient formés de bonne heure au travail & à la vertu. Le luxe, la mollesse & les plaisirs énervent les forces du corps, en même tems qu'ils affoiblissent le courage. Il faut donc qu'un Prince qui veut trouver dans ses sujets de bonnes troupes & mettre l'Etat militaire sur un bon pied, prenne de bonnes mesures à cet égard, qu'il veille soigneusement à l'éducation de la jeunesse, qu'il établisse une bonne discipline, qu'il procure à ses sujets les moyens de se former aux exercices du corps, & qu'il ne permette pas que le luxe & les plaisirs leur donnent des mœurs efféminées & amollissent leur courage.

§. XXIV. Enfin, un des moyens le plus efficace pour avoir de bonnes troupes, c'est de leur faire observer l'ordre & la discipline militaire, avec tout le soin & l'exactitude possibles, sur tout d'apporter une attention particulière à ce que les soldats soient payés exactement, de faire prendre ſoin de ceux qui ſont malades & de leur fournir les ſecours dont ils ont beſoin ; & enfin d'entretenir parmi eux la connoiſſance de la Religion & des devoirs qu'elle preſcrit, en leur procurant les moyens de s'inſtruire là-deſſus. Telles ſont les principales maximes que la bonne politique préſente aux Souverains, & au moyen deſquelles ils peuvent raiſonnablement eſpérer de trouver toujours dans le corps des citoyens de bonnes troupes diſpoſées à combattre vaillamment dans l'occaſion pour la défenſe de la patrie.

CHAPITRE II.

Des Cauſes de la Guerre.

§. 1. SI la Guerre eſt quelquefois permiſe & même néceſſaire, ainſi que nous venons de l'établir, ce n'eſt que pour de juſtes raiſons, & ſeulement à condition que celui qui l'entreprend ſe propoſe d'en venir par ce moyen à une paix ſolide & durable. La guerre peut donc être ou juſte ou injuſte, ſelon la cauſe qui l'a produite.

§. II. La guerre est juste si elle se fait pour de justes raisons ; elle est injuste si elle est faite sans cause, ou du moins sans une cause juste & suffisante.

§. III. Pour rendre la chose plus sensible, on peut distinguer avec GROTIUS entre les raisons justificatives & les motifs de la guerre. Les premières sont celles qui rendent en effet, ou qui paroissent rendre la guerre juste, par rapport à l'ennemi ; ensorte qu'on croit ne lui faire aucun tort en prenant les armes contre lui : les motifs, ce sont les vues d'intérêt qui nous déterminent à declarer la guerre. Ainsi dans la guerre d'*Alexandre* contre *Darius*, la raison justificative dont le premier se servoit, étoit qu'il vouloit venger les injures que les Grecs avoient reçues des Perses : les motifs étoient, l'ambition, la vanité & l'avarice de ce conquérant, qui se portoit d'autant plus volontiers à prendre les armes, que les expéditions de XENOPHON & d'AGESILAS lui faisoient concevoir une grande espérance de réussir aisément. La raison justificative de la seconde guerre punique, fut le démêlé au sujet de la ville de Sagonte : le motif en étoit l'indignation des Carthaginois, de ce que les Romains leur avoient extorqué des conditions onéreuſes dans le tems que la fortune ne leur étoit pas favorable, & l'encouragement que leur donnoit le bon ſuccès de leurs armes en Eſpagne.

§. IV. Dans une guerre innocente à tous égards & parfaitement juſte, il faut non-ſeulement que la raiſon juſtificative ſoit légitime, mais encore qu'elle ſe confonde avec le motif, c'eſt-à-dire, que l'on n'entreprenne la guerre que par la néceſſité où l'on ſe voit réduit de ſe défendre contre les inſultes d'autrui, de ſe faire rendre ce qui nous eſt inviolablement dû, ou d'obtenir la réparation d'une injure manifeſte.

§. V. Ainſi une guerre peut être vicieuſe ou injuſte à l'égard de ſes cauſes, en quatre manières.

1°. Lorſqu'on l'entreprend ſans aucune raiſon juſtificative, ni aucun motif d'utilité tant ſoit peu apparente ; mais ſeulement par une fureur inſenſée & brutale, qui fait aimer le ſang & le carnage pour lui-même. Mais on peut douter raiſonnablement ſi l'on peut trouver aucun exemple d'une guerre ſi barbare.

§. VI. 2°. Lorſqu'on attaque les autres uniquement pour ſon propre intérêt, ſans qu'ils nous ayent fait aucun tort, c'eſt-à-dire à-dire, lorſque l'on manque de cauſes juſtificatives, & ces ſortes de guerres ſont par rapport à l'aggreſſeur de véritables brigandages.

§. VII. 3°. Lorſqu'on a des motifs fondés ſur des cauſes juſtificatives, mais qui n'ont qu'une équité apparente, & qui étant bien examinées, ſe trouvent au fond illégitimes.

§. VIII. 4°. Enfin on peut encore dire que la guerre eſt injuſte, lorſqu'ayant de bonnes raiſons juſtificatives, on l'entreprend cependant par d'autres motifs qui n'ont aucun rapport avec le tort que l'on a reçu, comme pour acquérir une vaine gloire, pour étendre ſa domination, &c.

§. IX. De ces quatre ſortes de guerres, dont l'entrepriſe renferme quelque injuſtice, la troiſième & la dernière ſont très-communes; car il n'y a guére de nations aſſez barbares pour prendre les armes ſans alléguer quelque eſpèce de raiſons juſtificatives. Il n'eſt pas bien difficile de découvrir l'injuſtice de la troiſième : pour la quatrième, quoique peut-être très-commune, elle n'eſt pas tant injuſte en elle-même, que par rapport aux vues & aux diſpoſitions de celui qui la fait : mais il eſt bien difficile de l'en convaincre, les motifs étant d'ordinaire impénétrables, ou du moins la plûpart des gens prenant beaucoup de soin pour les cacher. †

§. X. On peut conclure des principes que nous venons d'établir, que toute guerre juste doit se faire ou pour nous conserver & pour nous défendre contre les insultes de ceux qui tâchent de nous faire du mal dans nos personnes, ou de nous enlever ou de détruire ce qui nous appartient, ou pour contraindre les autres à nous rendre ce qu'ils nous doivent en vertu d'un droit parfait que l'on a de l'exiger d'eux; ou enfin, pour obtenir la réparation du dommage qu'ils nous ont causé injustement & pour leur faire donner des suretés, à l'abri desquelles on n'ait rien à craindre de leur part pour l'avenir.

§. XI. On comprend assez par là quels peuvent être les sujets de la guerre: mais pour donner plus de jour à cette matière, indiquons ici quelques exemples des principales causes injustes d'une guerre.

1°. Ainsi, par exemple, pour avoir un

† *Voyez l'explication de ces Principes dans Budde. Jurisprud. Hist. Specim. §. 81. & suiv.*

juste sujet de guerre, il ne suffit pas que l'on craigne la puissance d'un voisin qui va en s'augmentant; tout ce que l'on peut faire dans ces circonstances, c'est de chercher à se procurer des suretés innocemment, & à se mettre en état de défense: mais les actes d'hostilité ne sont permis que lorsqu'ils sont nécessaires, & ils ne sont nullement nécessaires, aussi long-tems qu'on n'est point assuré d'une certitude morale que celui que l'on craint, a non seulement le pouvoir, mais encore la volonté de nous attaquer. On ne peut pas, par exemple, déclarer la guerre avec justice à un voisin, par la seule raison qu'il fait bâtir sur ses terres des citadelles ou travailler à quelques fortifications dont il pourroit quelque jour se servir contre nous.

§. XII. 2°. La seule utilité ne donne pas non plus le même droit que la nécessité, & elle ne suffit pas pour rendre une guerre légitime: c'est ainsi, par exemple, qu'on ne peut pas prendre les armes légitimement pour s'emparer de quelque endroit qui est à notre bienséance, & propre à couvrir nos frontières.

§. XIII. 3°. Il faut dire la même chose de l'envie de changer de demeure & de quitter des marrais, des deserts, pour s'établir dans un pays plus fertile.

4°. Il n'est pas moins injuste d'attenter sur les droits & la liberté d'un peuple, sous prétexte qu'il n'a ni autant d'esprit ni des mœurs aussi policées que nous. C'étoit donc mal à propos que les Grecs traitoient les barbares comme des gens qui étoient naturellement leurs ennemis, à cause de la diversité de leurs mœurs, & peut-être parce qu'ils ne paroissoient pas avoir autant d'esprit qu'eux.

§. XIV. 5°. Ce seroit aussi une guerre manifestement injuste, que de prendre les armes contre un peuple pour le réduire sous son obéissance, sous le prétexte qu'il conviendroit à ce peuple de nous avoir pour maître. De cela seul, qu'une chose est avantageuse à quelqu'un, il ne s'ensuit pas de là qu'on puisse le contraindre à s'y soumettre. Quiconque a l'usage de la raison doit avoir la liberté de choisir lui-même ce qu'il croit lui être avantageux.

§. XV. Il faut encore remarquer ici que les devoirs que les Nations doivent pratiquer les unes envers les autres, ne sont pas tous d'une même obligation, & que leur manquement à cet égard ne donne pas toujours un juste sujet de guerre. Il y a par rapport aux Nations, tout comme par rapport aux particuliers, des devoirs d'une obligation rigoureuse & parfaite, dont la violation emporte *un tort & une injure proprement dite*, & des devoirs d'une obligation imparfaite, qui ne produisent pour autrui qu'un droit imparfait & non rigoureux. Et comme on ne peut pas de citoyen à citoyen avoir recours aux Juges pour se faire rendre ce qui nous est dû de cette seconde manière, on ne peut pas non plus de Puissance à Puissance y contraindre par les armes.

§. XVI. Il faut pourtant excepter de cette régle les cas de nécessité dans lesquels le *Droit imparfait* se change en *Droit parfait*; de sorte qu'alors le refus de celui qui ne veut pas s'acquiter envers nous de ce qui nous est dû, nous fournit un juste sujet de guerre; mais hors de là, toute guerre entreprise pour cause d'un refus de ce à quoi on n'est tenu que par les loix de l'humanité, est une guerre injuste.

§. XVII. Pour faire l'application de ces principes, exposons quelques exemples. Le droit de passer sur les terres d'autrui est effectivement fondé sur l'humanité, lorsqu'on ne veut se servir de cette permission que pour un sujet légitime, comme si des gens chassés de leur pays veulent s'établir ailleurs; ou si l'on entreprend une guerre juste, & que pour la faire, il soit nécessaire de passer sur le territoire d'un peuple neutre, &c. Mais ce n'est là qu'un devoir d'humanité qui n'est pas dû à autrui, en vertu d'un droit parfait & rigoureux, & dont le refus ne sçauroit autoriser une Nation à employer la force des armes pour l'obtenir.

§. XVIII. Cependant *Grotius*, en examinant cette question, prétend non seulement » qu'on est obligé d'accorder le » passage sur les terres à une petite troupe » de gens sans armes, & dont par consé- » quent on n'a rien à craindre, mais encore » qu'on ne sçauroit le refuser à une armée » nombreuse, nonobstant la juste appré- » hension que l'on peut avoir que ce passage » ne nous cause quelque mal considérable, » ou de sa part, ou de la part de ceux con- » tre qui elle marche, pourvu néanmoins, » ajoute *Grotius*,

» 1°. Que l'on demande ce passage pour » un juste sujet; 2°. Qu'on le demande » premièrement avant que d'entreprendre » de passer par force.

§. XIX. Cet Auteur prétend donc, que dans ces circonstances le refus autorise à en venir aux voies de fait, & que l'on peut légitimement se procurer par la force ce que l'on n'a pas pu obtenir de bonne grace, & cela lors même qu'il y auroit d'ailleurs d'autres chemins par où l'on pourroit passer. Il ajoute » que ce que l'on » pourroit avoir à craindre en permettant » le passage à un grand nombre de gens » armés, n'est pas une raison suffisante » pour s'en dispenser, parce qu'à cet égard » on peut prendre de bonnes précautions. » Ce que l'on peut craindre d'ailleurs de la » part de celui contre qui marche l'autre, » n'est pas non plus un juste sujet de refus, » si ce dernier a un juste sujet de faire la » guerre.

§. XX. Grotius fonde son sentiment sur cette raison; c'est que l'établissement de la propriété ne s'est fait que sous la réserve tacite du droit de se servir dans le besoin du bien d'autrui, tant que cela se pourroit faire, sans que le propriétaire en reçût aucune incommodité.

§. XXI. Mais je ne sçaurois entrer dans le sentiment de cet illustre politique; car 1°. quoi que l'on puisse dire, il est incontestable que le droit de passer sur le territoire d'autrui, n'est point un droit parfait & dont on puisse exiger l'exécution à la rigueur. Si un particulier n'est point obligé de laisser passer un autre particulier sur ses terres, à plus forte raison une Nation peut-elle refuser le passage à l'armée d'une autre, tant qu'il n'y a point de convention entr'elles là-dessus.

§. XXII. 2°. Les grands inconvéniens qui peuvent suivre d'une telle permission autorisent ici le refus : en effet en accordant le passage, on court risque de faire de son propre pays le théâtre de la guerre : d'ailleurs si celui à qui on accorde le passage est repoussé, & a enfin du dessous, quelque justes raisons qu'il ait de faire la guerre à son ennemi, celui-ci ne se vengera-t-il point de ce qu'il n'a pas tenu à nous que son ennemi ne l'accablât ? Comme l'on suppose ici que l'on vit sur le pied d'ami avec l'un & l'autre des Princes qui se font la guerre, on ne sçauroit favoriser l'un au préjudice de l'autre, sans donner sujet au dernier de nous regarder comme ses ennemis, & sans manquer par là à ce qu'on lui doit en qualité d'ami. En vain distingueroit-on ici entre une guerre juste & injuste, prétendant que la dernière donne droit de refuser le passage, mais que la première met dans l'obligation de l'accorder; cette distinction ne lève point la difficulté : car outre qu'il n'est pas toujours facile de décider si une guerre est juste ou injuste, il y a de la témérité à vouloir se rendre, pour ainsi dire, l'arbitre de deux ennemis, & à se mêler de leurs différens.

§. XXIII. 3°. Mais n'a-t-on rien à craindre de la part des troupes mêmes à qui l'on accorde le passage ? Les partisans de l'opinion contraire en tombent d'accord, & c'est pour cela qu'ils veulent que l'on prenne bien ses précautions. Mais quelques précautions que l'on puisse prendre, il n'y en a point qui puissent nous mettre à l'abri de tout événement, & il y a des maux & des pertes irréparables. Des gens qui ont les armes à la main se laissent aller aisément à la tentation d'en abuser, & de commettre des violences, sur-tout s'ils sont en grand nombre, & qu'ils trouvent l'occasion de faire quelque gain considérable. Combien de fois n'a-t-on pas vu des armées étrangères, ravager & s'approprier même les Etats d'un peuple qui les avoit appellés à son secours, sans que les traités & les sermens les plus solemnels ayent été capables de les détourner d'une si noire perfidie ? * Que ne doit-on pas appréhender de ceux qui ne sont pas dans des engagemens si étroits ?

§. XXIV. 4°. Disons encore, & c'est ici une remarque importante en politique, que presque tous les Etats ont ceci de commun ; c'est que plus on avance dans le cœur du pays, plus on pénétre dans l'intérieur, & plus on le trouve foible & désarmé. Les Carthaginois, ailleurs invincibles, furent vaincus près de Carthage par AGATOCLÈS & par SCIPION. HANNIBAL disoit qu'on ne pouvoit surmonter les Romains que dans l'Italie : c'est donc une chose bien périlleuse que de laisser épier ces mystères à une multitude d'étrangers, qui ayant les armes à la main, peuvent profiter de notre foiblesse & nous faire repentir de notre imprudence.

§. XXV. 5°. Ajoutez à cela, que dans un Etat il y a presque toujours des esprits mutins & remuans, qui sont capables de solliciter l'étranger, ou contre leurs concitoyens ou contre leur Souverain même, ou enfin contre leurs voisins. Toutes ces raisons font assez sentir que quelques pré-

* Voyez *Just. Liv. IV. C. 4. & 8. & Tite Live, Liv. VII. Chap. 38.*

cautions qu'on puiſſe prendre, elles ne ſçauroient mettre à l'abri des plus grands dangers.

6°. Enfin on peut encore ajouter à tout ce que l'on vient de dire, l'exemple d'une infinité de peuples qui ont été très-mal récompensés de la facilité qu'ils ont eue de laiſſer paſſer des troupes étrangères par leur pays.

§. XXVI. Finiſſons l'examen de cette queſtion par deux remarques. La première c'eſt qu'il paroît par tout ce que l'on vient de dire, que c'eſt ici une affaire de prudence, & que quoique l'on ne ſoit pas obligé de donner paſſage à une armée étrangère, & que le plus ſûr ſoit de le refuſer, cependant ſi l'on ne ſe ſent pas aſſez fort pour réſiſter à la violence de celui qui veut paſſer à quelque prix que ce ſoit, ou que par là on s'attire infailliblement ſur les bras une fâcheuſe guerre, il faut ſans contredit accorder alors le paſſage, & la néceſſité où l'on ſe trouve réduit, doit être une juſtification ſuffiſante auprès du Prince chez qui la guerre va être portée au travers de nos Etats.

§. XXVII. Ma ſeconde remarque, c'eſt que ſi l'on ſuppoſe d'un côté une juſtice

& une nécessité évidente dans la guerre que veut entreprendre celui qui demande le passage par notre territoire; & de l'autre, que l'on n'ait rien à craindre soi-même de la part de celui contre qui on marche, on se trouve alors dans une obligation indispensable de donner passage; car si la loi de nature oblige chacun à secourir ceux qu'on voit manifestement opprimés, quand on peut le faire sans beaucoup de péril & avec espérance de succès, à plus forte raison ne doit-on porter aucun obstacle à ce qu'ils entreprennent pour se défendre.

§. XXVIII. C'est en suivant les mêmes principes que nous venons d'établir, qu'il faut juger du dtoit de transporter ses marchandises par le territoire d'autrui: ce n'est tout de même qu'un droit imparfait & un devoir d'humanité qui nous oblige de l'accorder aux autres, dont l'obligation n'est pas rigoureuse & dont le refus ne sçauroit donner un juste sujet de guerre.

§. XXIX. A la vérité, les loix de l'humanité obligent indispensablement à laisser passer des marchandises étrangères, qui sont absolument nécessaires à la vie, que notre voisin ne peut pas se procurer par lui-même & que nous ne pouvons pas nous-mêmes lui fournir ; mais à cela près, on peut avoir de bonnes raisons d'empêcher que des marchandises étrangères ne passent sur notre territoire pour aller ailleurs. Un trop grand abord d'étrangers est quelquefois préjudiciable à l'Etat ; & d'ailleurs, pourquoi un Souverain ne procureroit-il pas à ses propres sujets le gain que feroient les étrangers, à la faveur du passage qu'il leur accorderoit ?

§. XXX. Bien entendu qu'il n'y a rien de contraire à l'humanité, d'imposer quelques droits d'entrée ou de sortie sur les marchandises des étrangers, à qui l'on accorde le passage. C'est un juste dédommagement des frais que l'on est obligé de faire pour l'entretien des chemins publics, des ports, des ponts, &c.

§. XXXI. Il faut raisonner de la même manière sur le Commerce en général entre les différens Etats. J'en dis autant du droit de prendre des femmes chez ses voisins : un refus de leur part ne sçauroit autoriser à leur déclarer la guerre.

§. XXXII. Ajoutons ici quelque chose des guerres entreprises pour cause de Religion. La loi naturelle qui permet à l'homme de défendre sa vie, ses biens & tous les autres avantages dont il jouit, contre les attaques d'un agresseur injuste, lui accorde sans contredit le pouvoir de se défendre contre ceux qui voudroient, pour ainsi dire, lui enlever par force sa Religion, en l'empêchant de faire profession de celle qu'il croit la meilleure, ou en le contraignant d'embrasser celle qu'il croit être fausse.

§. XXXIII. En effet, la Religion est un des plus grands biens de l'homme, elle renferme ses intérêts les plus considérables; quiconque cherche à le traverser à cet égard, se déclare son ennemi, & par conséquent on peut justement se servir contre lui de la force des armes pour repousser l'injure, & se mettre à couvert du mal qu'il veut nous faire. Il est donc permis & même juste de prendre les armes, lorsqu'on se voit attaqué pour cause de Religion.

§. XXXIV. Mais s'il est permis de se défendre pour cause de Religion, il n'est pas permis de faire la guerre pour étendre celle dont nous faisons profession, & pour contraindre ceux qui ont à cet égard des sentimens & des pratiques différentes; l'un est une suite nécessaire de l'autre:

il n'est pas permis d'attaquer celui qui est en droit de se défendre. Si la guerre défensive est juste, l'offensive est nécessairement criminelle. La nature même de la Religion ne permet pas que l'on emploie des moyens violens pour sa propagation; elle consiste dans les sentimens intérieurs de l'ame. Le droit des hommes à cet égard par rapport aux autres, c'est de les éclairer, de les instruire & d'employer pour cela la voie d'une douce & forte persuasion. Il faut persuader les hommes & non les égorger; en user autrement, c'est exercer contr'eux un brigandage d'autant plus criminel, qu'on cherche à s'autoriser, par le prétexte le plus saint : il n'y a donc pas moins de folie que d'impiété dans un pareil procédé.

§. XXXV. En particulier rien n'est plus contraire à l'esprit du Christianisme, que d'employer la force des armes pour sa propagation. Jesus-Christ, notre divin Maître, a enseigné les hommes, & n'a point usé de violence contr'eux; les Apôtres ont constamment suivi son exemple, & l'énumération que fait Saint Paul des armes qu'il emploie pour la conversion des hommes, est une belle leçon pour les chrétiens (1).

§. XXXVI. Bien loin qu'une simple différence de sentimens en matière de Religion, fournisse un juste sujet de poursuivre par les armes, ou d'inquiéter le moins du monde ceux que l'on croit dans l'erreur, il est certain au contraire que ceux qui en usent ainsi, fournissent aux autres hommes un juste sujet de leur faire la guerre, & de défendre ceux qu'ils oppriment injustement. On propose là-dessus cette question à examiner; sçavoir : *Si les Princes protestans ne pourroient pas en bonne conscience se liguer pour détruire l'Inquisition, & pour obliger les Puissances qui la souffrent dans leurs Etats à désarmer cette cabale, sous laquelle le Christianisme gémit depuis si long-tems, & qui, sous un faux prétexte de zéle & de piété, exerce la tyrannie la plus horrible & la plus contraire à la nature humaine?* Quoi qu'il en soit, il est du moins certain que jamais Héros n'auroit dompté des monstres plus furieux,

(1) Voyez *II. Corinth. Ch. VI. v. 4. & suiv. & Chap. X. v. 4.*

ni

ni plus funestes au genre humain, que celui qui viendroit à bout de purger la terre de ces ames scélérates qui abusent si impudemment & si cruellement du beau prétexte de la Religion, pour avoir de quoi vivre dans une molle oisiveté, & pour tenir dans leur dépendance les Souverains aussi bien que les Sujets.

§. XXXVII. Voilà les principales remarques qui se présentent sur les causes de la guerre. Disons à présent que comme on ne doit pas entreprendre la guerre, qui par elle-même est un très-grand mal, que pour parvenir à une paix solide, il est encore d'une nécessité absolue de consulter les régles de la prudence avant que de l'entreprendre, quelque juste sujet que l'on en ait d'ailleurs. Il faut peser exactement avant toutes choses le bien ou le mal, qui peut vraisemblablement nous en revenir. Car s'il y a lieu de craindre en faisant la guerre, qu'on attire sur soi ou sur les siens des maux plus grands que le bien qu'on en pourroit espérer, il vaut mieux sans doute dissimuler l'injure que de s'exposer à des maux plus considérables que celui-là même dont on veut poursuivre la réparation par les armes.

§. XXXVIII. Dans ces circonstances, on peut légitimement entreprendre la guerre, non seulement pour soi-même, mais encore pour autrui; pourvu, 1°. que celui en faveur de qui on s'engage, ait un juste sujet de prendre les armes, & que d'ailleurs on ait avec lui quelque liaison qui nous autorise à traiter en ennemis des personnes qui ne nous ont fait à nous-mêmes aucun tort.

§. XXXIX. Or entre ceux que l'on peut & que l'on doit même défendre, il faut mettre au premier rang ceux qui dépendent du défenseur, c'est-à-dire les Sujets de l'Etat : car c'est principalement en vue de cette protection que les hommes auparavant indépendans sont entrés dans des Sociétés civiles : c'est ainsi que les *Gabaonites* s'étant soumis à la domination du peuple d'Israël, ce peuple prit les armes pour eux sous la conduite de Josué. Les Romains en ont usé souvent de cette manière; bien entendu que les Souverains doivent observer dans ces cas-là, la maxime que nous venons d'établir ci-dessus §. XXXVII. Ils doivent prendre garde en prenant les armes pour quelques-uns de leurs Sujets, de ne pas attirer un mal plus fâcheux sur tout le corps de l'Etat : le devoir du Souverain regarde premièrement & principalement l'intérêt du *tout*, plutôt que celui d'une *partie* ; & plus une partie est grande, plus elle approche du tout.

§. XL. 2°. Après les Sujets viennent les Alliés, auxquels on s'est engagé expressément par un Traité, de donner du secours dans le besoin, soit qu'ils se soient mis sous notre protection comme se reconnoissant inférieurs, soit qu'on ait simplement stipulé du secours d'une part, ou bien de part & d'autre.

§. XLI. Bien entendu que la guerre doit être de la part de notre Allié une guerre juste ; car on ne sçauroit s'engager innocemment à donner du secours à quelqu'un dans une guerre qui seroit manifestement injuste : ajoûtons que l'on peut même sans préjudice du traité, défendre ses sujets préférablement à ses Alliés, quand il n'y a pas moyen de les secourir les uns & les autres en même tems ; car les engagemens d'un Etat envers ses citoyens, l'emportent toujours sur ceux où il entre envers tout étranger.

§. XLII. Pour ce que dit GROTIUS,

que l'on n'est pas obligé de donner du secours à un Allié, lorsqu'il n'y a aucune espérance de bon succès, il faut l'entendre de cette manière : Que si l'on voit évidemment que nos forces jointes ensemble ne sont pas en état de tenir tête à notre ennemi, & que notre Allié pouvant s'accorder avec lui à des conditions supportables, ne laisse pas de vouloir courir à une ruine certaine, nous ne sommes point obligés par le traité d'alliance à nous exposer à périr sans ressource , en voulant seconder ses foibles efforts : car d'ailleurs les alliances deviendroient inutiles, si en vertu de cette union on n'étoit pas obligé de s'exposer à quelque péril, ou à quelque perte pour secourir un Allié.

§. XLIII. Enfin, on demande encore si plusieurs de nos Alliés ont besoin de notre secours, lequel doit être secouru le premier & préférablement aux autres ? GROTIUS répond, que lorsque deux Alliés se font la guerre injustement de part & d'autre, il ne faut secourir aucun des deux : mais si la cause d'un Allié est légitime, il faut lui donner du secours, non seulement contre des étrangers, mais encore contre un autre de nos Alliés, à moins qu'il n'y ait dans le traité quelque clause expresse qui ne nous permette pas de prendre la défense du premier contre le dernier, quoique celui-ci ait tort. Que si enfin plusieurs de nos Alliés se liguent ensemble contre un ennemi commun, ou bien s'ils font la guerre séparément contre des ennemis particuliers, il faut leur donner à tous du secours également & conformément aux traités : mais lorsqu'il n'y a pas moyen de les assister tous en même tems, alors il faut donner la préférence à l'Allié le plus ancien.

§. XLIV. 3°. Les amis, c'est-à-dire, ceux avec qui on est uni par une bienveillance & une affectation particulière, tiennent ici le troisième rang : car quoiqu'on ne leur ait pas promis certains secours déterminés par un traité formel, l'amitié emporte par elle-même un engagement réciproque de se secourir autant que le permettent des obligations plus étroites, & cela avec plus d'empressement que ne le demande la simple liaison de l'humanité.

§. XLV. Je dis que l'on peut prendre

les armes pour ses amis qui font une guerre juste; car on n'est pas à cet égard dans une obligation rigoureuse, & cela se doit entendre sous cette condition, si on peut le faire aisément & sans s'incommoder beaucoup soi-même.

§. XLVI. 2°. Disons enfin que la seule liaison d'humanité qui est entre les hommes, en conséquence de leur nature commune & de la Société, & qui forme la liaison la plus étendue, suffit pour autoriser à secourir ceux qui sont opprimés injustement, pourvû du moins que l'injustice soit considérable & manifeste, & que l'offensé nous appelle lui-même à son secours, ensorte que nous agissions plutôt en son nom que de notre chef: sur quoi néanmoins il faut encore faire cette remarque, c'est qu'à la vérité l'on a le droit de secourir les opprimés par la seule raison de l'humanité; mais que l'on n'est pourtant pas dans une obligation rigoureuse à cet égard. Ce n'est ici qu'un devoir d'une obligation imparfaite, & qui n'oblige qu'autant qu'on peut le mettre en pratique, sans se causer à soi-même un mal considérable: car toutes choses d'ailleurs égales, l'on peut & l'on doit même préférer sa conservation à celle d'autrui.

§. XLVII. Mais peut-on entreprendre une guerre en faveur des sujets d'un Prince, pour les délivrer de l'oppression de leur Souverain, & par le seul principe de l'humanité? Je réponds que cela n'est permis que dans les cas où la tyrannie est montée à un tel point, que les sujets eux-mêmes peuvent légitimement prendre les armes pour secouer le joug d'un Tyran qui les opprime, selon les principes que nous avons établis ci-devant.

§. XLVIII. Il est vrai que depuis l'établissement des Sociétés civiles, le Souverain a acquis un droit tout particulier sur ses sujets, en vertu duquel il peut les punir sans qu'aucune autre Puissance doive se mêler de ce qui se passe chez lui; mais il n'est pas moins certain que ce droit a ses bornes, & qu'il ne peut être exercé légitimement que lorsque les sujets sont véritablement coupables, ou que du moins leur innocence est douteuse: alors la présomption doit être effectivement en faveur du Souverain, & une Puissance étrangère n'a pas le droit de se mêler de ce qui se passe dans un autre Etat.

§. XLIX. Mais enfin, si la tyrannie est venue à son comble, si l'oppression est toute manifeste, comme lorsqu'un BUSIRIS ou un PHALARIS maltraitent leurs sujets à outrance & d'une manière à être condamnée par toute personne raisonnable, on ne sçauroit refuser à ces sujets ainsi opprimés, la protection des loix de la Société humaine. Tout homme en tant qu'homme, a droit d'exiger que les autres le secourent dans le besoin, & chacun y est obligé, lorsqu'il le peut, par les loix du l'humanité. Or il est certain qu'on ne renonce point à ces loix, & même qu'on ne peut y renoncer en entrant dans une Société civile : cette Société ne sçauroit s'établir au préjudice des loix de l'humanité.

On peut bien être censé s'être engagé à ne pas implorer le secours des étrangers pour de légères injures, ou même pour des grandes qui ne tombent que sur peu de personnes. Mais lorsque tous les sujets, ou une grande partie, gémissent sous l'oppression d'un tyran, les sujets d'un côté rentrent dans tous les droits de la liberté naturelle qui les autorise à chercher du secours où ils peuvent en trouver; & de l'autre, ceux qui sont en état de leur en donner sans s'incommoder eux-mêmes considérablement, peuvent non seulement, mais doivent travailler de toutes leurs forces à délivrer les opprimés, par cette seule raison qu'ils sont hommes & membres de la Société humaine dont les Sociétés civiles font partie.

§. L. A la vérité, il paroît par l'histoire ancienne & par l'histoire moderne, que le désir d'envahir les Etats d'autrui se couvre souvent de semblables prétextes: mais le mauvais usage que les hommes font d'une chose, n'empêche pas toujours qu'elle ne soit juste en elle-même: les Corsaires vont sur mer aussi bien que tout autre navigateur; les brigands portent l'épée comme toute autre personne. Voilà qui peut suffire sur les différentes causes de la guerre.

CHAPITRE III.

Des différentes espèces de Guerre.

§. I. OUtre la distinction de la guerre, en celle qui est juste & celle qui est injuste, dont nous venons de parler, il y en a plusieurs autres qu'il est à propos de considérer ici: & premièrement, on distingue la guerre en *Guerre offensive* & en *Guerre défensive.*

§. II. Les guerres défensives sont celles que l'on entreprend pour se conserver & pour se défendre contre les insultes de ceux qui tâchent de nous faire du mal en notre personne, ou de nous enlever & de détruire ce qui nous appartient. Les offensives sont celles au contraire qui se font pour contraindre les autres à nous rendre ce qu'ils nous doivent, en vertu d'un droit parfait que l'on a de l'exiger d'eux; ou pour obtenir la réparation du dommage qu'ils nous ont causé injustement & pour leur faire donner des suretés, à l'abri desquelles on n'ait plus rien à craindre de leur part pour l'avenir.

§. III. 1°. Il faut donc prendre garde de ne pas confondre cette distinction avec la précédente, comme si toute guerre défensive étoit juste, & qu'au contraire toute guerre offensive fût injuste. C'est aujourd'hui la coutume d'excuser les guerres les plus injustes, en disant que ce sont des guerres purement défensives. Il y a des gens qui croient que toute guerre injuste doit être appellée offensive, ce qui n'est pas vrai; car s'il y a des guerres offenſives qui ſoient juſtes, comme on n'en ſçauroit douter, il y a donc des guerres défenſives qui ſont injuſtes, comme lorſque nous nous défendons contre un Prince qui a raiſon de nous attaquer.

§. IV. 2°. Il ne faut pas croire non plus, que celui qui le premier fait tort à un autre, commence par là une guerre offenſive, & que l'autre qui veut qu'on lui faſſe juſtice pour le tort qu'il a reçu, ſoit toujours ſur la défenſive. Il y a beaucoup d'injuſtices qui peuvent allumer une guerre, & qui ne ſont pourtant pas la guerre même, comme lorſqu'on a maltraité les Ambaſſadeurs d'un Prince, qu'on a pillé ſes ſujets, &c. Si donc on prend les armes pour venger une telle injuſtice, on commence une guerre offenſive, mais une guerre juſte, & le Prince qui a fait tort & qui ne veut pas le réparer, fait une guerre défenſive, mais injuſte. La guerre offenſive n'eſt donc injuſte que lorſqu'elle eſt entrepriſe ſans une cauſe légitime, & alors la guerre défenſive, qui dans d'autres occaſions pourroit être injuſte, devient juſte.

§. V. Il faut donc dire en général, que le premier qui prend les armes, ſoit qu'il le fasse justement ou injustement, commence une guerre offensive ; & que celui qui s'oppose au premier, soit qu'il ait ou qu'il n'ait pas raison de le faire, commence une guerre défensive. Ceux qui regardenr le mot de guerre offensive comme un terme odieux & qui renferme toujours quelque chose d'injuste, & qui considérent au contraire la guerre défensive comme inséparable de l'équité, brouillent toutes les idées & embarrassent une matière qui paroît d'elle-même assez claire. Il en est ici des Princes comme des particuliers: le demandeur qui commence un procès, a quelquefois tort, mais aussi quelquefois raison : il en est tout de même du défendeur ; on a tort de ne vouloir pas payer une somme qui est justement dûe, comme on a raison de se défendre de payer ce qu'on ne doit pas.

§. VI. En troisième lieu, GROTIUS distingue la guerre, en guerre *privée*, en guerre *publique* & en guerre *mixte*. Il appelle guerre *publique*, celle qui se fait de part & d'autre par autorité d'une Puissance civile ; la guerre *privée*, c'est celle qui se fait de particulier à particulier, & sans autorité publique ; & enfin la guerre *mixte* est celle qui se fait d'un côté par autorité publique, & de l'autre par de simples particuliers.

§. VII. On peut remarquer sur cette division, que si l'on prend le mot de guerre dans le sens le plus général & le plus étendu, & que l'on entende par là, *toute prise d'armes qui a pour but de vuider une querelle*, par opposition à la manière de vuider un différent, en recourant à un Juge commun; alors cette distinction pourra être admise: mais l'usage semble s'y opposer, & il a restreint la signification du mot de guerre, à celle qui se fait entre des Puissances souveraines. Dans une Société civile les particuliers n'ont pas le droit de faire la guerre; & pour ce qui est de l'état de nature, nous avons déja parlé ailleurs du droit que les hommes ont dans cet état, pour la conservation & pour la défense de leurs personnes & de leurs biens: ainsi, comme nous ne traitons ici que des droits des Souverains les uns à l'égard des autres; c'est proprement & uniquement de la *Guerre publique* dont nous avons à parler.

§. VIII. 4°. On distingue encore la guerre, en guerre *solemnelle suivant le droit des gens*, & en guerre *non solemnelle.* Il faut deux choses pour qu'une guerre soit solemnelle ; la première, qu'elle se fasse par autorité du Souverain ; la seconde, qu'elle soit accompagnée de certaines formalités, comme d'une déclaration solemnelle, &c. mais c'est ce dont nous parlerons plus amplement dans la suite. La guerre *non solemnelle*, est celle qui se fait ou sans avoir été déclarée dans les formes, ou simplement contre des Particuliers. Nous nous contenterons d'indiquer ici cette division, renvoyant à l'examiner plus particuliérement, & à voir quels en peuvent être les effets, lorsque nous traiterons de ce qui a accoutumé de précéder la guerre.

§. IX. Examinons cependant ici une question qui a rapport à la matière : c'est de sçavoir si un Magistrat, proprement ainsi nommé, a comme tel, le pouvoir de faire la guerre de son chef ? GROTIUS répond ici, qu'à en juger indépendamment des loix civiles, tout Magistrat semble avoir autant de droit en cas de résistance, de prendre les armes pour exercer sa jurisdiction, & faire exécuter ses ordres, que pour défendre le peuple qui est confié à ses soins. PUFFENDORF, au contraire, prend la négative & critique la pensée de GROTIUS.

§. X. Mais il est aisé de concilier ces deux Auteurs : il n'y a proprement entr'eux qu'une dispute de mots ; GROTIUS attache au mot une idée plus vague & plus générale. † En conséquence, lorsqu'un Magistrat subalterne prend les armes pour maintenir son autorité & pour mettre à la raison ceux qui refusent de s'y soumettre, il est censé le faire avec l'approbation du Souverain, qui, en lui confiant une partie de Gouvernement de l'Etat, l'a revêtu en même tems du pouvoir nécessaire pour l'exercer ; & ainsi, il s'agit uniquement de sçavoir si tout Magistrat, comme tel, a ici besoin *d'un ordre exprès* du Souverain ; ensorte que la constitution des Sociétés civiles en général le requiére ainsi, indépendamment des loix civiles de chaque Etat,

§. XI. Or, dans cet état des choses, si un Magistrat peut user de la voie des armes pour mettre à la raison une ou deux personnes, ou dix ou vingt qui ne veulent

† *Vide supra*, §. *VII.*

pas lui obéir, ou qui veulent l'empêcher d'exercer sa Jurisdiction, pourquoi ne pourroit-il pas se servir du même moyen contre cinquante, contre cent, contre mille &c. ? Plus le nombre sera grand, & plus il aura besoin de force pour vaincre leur résistance : or c'est ce que GROTIUS comprend sous le nom de guerre.

§. XII. PUFFENDORF convient de tout cela dans le fond ; mais il prétend que ce pouvoir coactif qui appartient au Magistrat sur les sujets désobéissans, ne fait pas une partie du droit de la guerre, toute guerre se faisant entre des égaux ou du moins entre ceux qui prétendent l'être. L'idée de PUFFENDORF est sans doute plus régulière & plus convenable à l'usage : mais il est bien évident que la différence qu'il y a entre lui & GROTIUS ne consiste que dans l'étendue plus ou moins grande que l'un & l'autre donnent au mot de guerre.

§. XIII. Si l'on dit qu'il peut être dangereux de laisser tout ce pouvoir à un Magistrat subalterne, cela peut être vrai ; mais cela prouve seulement qu'il est de la sagesse & de la prudence des Législateurs de mettre des bornes à cet égard

au

au pouvoir des Magiſtrats, pour reſtreindre ce qui autrement ſeroit une ſuite néceſſaire du but même pour lequel le Magiſtrat eſt établi.

§. XIV. A l'égard de la guerre, proprement ainſi nommée, & qui ſe fait contre un ennemi étranger ; pour juger du pouvoir des Magiſtrats ou Officiers des Souverains, il ne faut que faire attention à l'étendue de leur commiſſion : car il eſt inconteſtable qu'ils ne ſçauroient légitimement entreprendre quelque acte d'hoſtilité de leur chef & ſans un ordre formel du Souverain, du moins raiſonnablement préſumé, en conſéquence des circonſtances dans leſquelles ils ſe rencontrent.

§. XV. Ainſi, par exemple, un Général d'armée envoyé à une expédition avec plein pouvoir de ſon maître, peut agir contre l'ennemi offenſivement auſſi-bien que défenſivement, & de la manière qu'il jugera la plus avantageuſe ; mais il ne ſçauroit ni entreprendre une nouvelle guerre, ni faire la paix de ſon chef : que ſi ſon pouvoir eſt limité, il ne doit jamais paſſer les bornes qui lui ont été preſcrites, à moins que d'y être inévitablement réduit par la néceſſité de ſe défendre : car tout ce qu'il fait pour cela est censé fait de l'aveu même & par l'ordre du Souverain. Ainsi, supposé qu'un Amiral eût ordre de se tenir sur la défensive, il ne lui est pas pour cela défendu de poursuivre & de foudroyer la flotte ennemie, pour la disperser ou pour la détruire, s'il vient à en être attaqué, mais seulement il lui est défendu de l'aller chercher lui-même le premier.

§. XVI. En général les Gouverneurs des Provinces & des Villes, s'ils ont des troupes à leur disposition, peuvent se défendre de leur propre autorité contre un ennemi qui les attaque; mais ils ne doivent jamais porter la guerre dans quelqu'autre pays, sans un ordre exprès de leurs Souverains.

§. XVII. Ce fut en vertu de ce privilége que donne la nécessité, que LUCIUS PINARIUS Gouverneur d'*Enna en Sicile* pour les Romains, sçachant avec certitude que les habitans tramoient de se ranger sous l'obéissance de Carthage, fit main-basse sur eux & sauva ainsi la place; mais hors ces cas-là les habitans d'une ville n'ont nul droit de prendre les armes pour se venger des injures dont le Prince néglige lui-même de tirer raison.

§. XVIII. Une simple présomption de

la volonté du Souverain ne seroit pas même suffisante pour disculper un Gouverneur ou tel autre Officier qui entreprendroit la guerre hors des cas de nécessité, sans aucun ordre ni général ni particulier : car ce n'est pas assez de voir, dans telle ou telle situation des choses, quel parti on a lieu de croire que prendroit le Souverain si on le consultoit ; mais il faut plutôt considérer en général ce qu'il faudroit qu'on fît sans le consulter lorsqu'on a le tems ou que l'affaire est douteuse : or sans contredit, le Souverain ne consentira jamais que ses Ministres puissent, toutes les fois qu'ils jugeront à propos, entreprendre sans son ordre une affaire aussi capitale & d'une aussi grande importance qu'est la guerre offensive dont il est ici question.

§. XIX. Ainsi dans ces circonstances, quelque parti que le Souverain lui-même eût trouvé à propos de prendre, s'il avoit été consulté, & quelque succès qu'ait pu avoir la guerre entreprise sans ses ordres, il est toujours libre au Souverain de ratifier ou non l'entreprise de son Ministre. S'il la ratifie, cette approbation rend la guerre solemnelle par un effet rétroactif ; de sorte que tout le corps de l'Etat en est alors responsable ; mais si le Souverain desavoue l'action du Gouverneur, les actes d'hostilité que celui-ci a commencé d'exercer, doivent passer pour de purs brigandages dont la faute ne réjaillit en aucune manière sur l'Etat, pourvû que d'ailleurs on livre le Gouverneur ou qu'on le punisse suivant les loix du pays, en procurant autant qu'il est possible, la réparation du dommage qu'il a causé.

§. XX. Au reste on peut remarquer ici que dans les Sociétés civiles, lorsque quelqu'un des citoyens a fait du mal à quelque étranger, on s'en prend quelquefois à tout le corps de l'Etat ou à celui qui en est le chef, en telle sorte que l'on peut lui déclarer la guerre pour cela ; mais pour donner lieu à cette espéce d'imputation, il faut nécessairement supposer l'une de ces deux choses, ou que les Souverains ont souffert que l'on fit tort à l'étranger, ou qu'ils donnent retraite au coupable.

§. XXI. Sur le premier cas, il faut poser pour maxime qu'un Souverain qui ayant connoissance des crimes de ses sujets, comme, par exemple, qu'ils exercent la piraterie sur les étrangers, & qui d'ailleurs pouvant & devant l'empêcher ne le fait pas, se rend lui-même coupable, parce qu'il a consenti à l'action mauvaise qu'il laisse commettre, & fournit par conséquent un juste sujet de guerre.

§. XXII. Les deux conditions dont on vient de parler, je veux dire la connoissance & la tolérance du Souverain, sont absolument nécessaires, & l'une ne suffit pas sans l'autre; or on présume qu'un Souverain sçait tout ce que ses sujets font tous les jours d'une manière ouverte & sans se cacher: pour le pouvoir d'empêcher le mal, on le présume aussi toujours, à moins que le Prince ne prouve clairement son impuissance.

§. XXIII. L'autre manière dont un Souverain se rend coupable par rapport au crime d'autrui, c'est lorsqu'il donne une retraite au coupable, & qu'il empêche ainsi qu'on ne le punisse. PUFFENDORF prétend là-dessus que si l'on est tenu de livrer le coupable qui s'est refugié chez nous, c'est plutôt en vertu de quelque traité fait là-dessus, qu'en conséquence d'une obligation commune & indispensable.

§. XXIV. Mais il me semble que c'est sans des raisons suffisantes, que PUFFENDORF a abandonné à cet égard le sentiment de GROTIUS, qui paroît mieux établi. Voici donc à quoi se réduisent les principes de ce dernier auteur sur cette question.

1°. Depuis l'établissement des Sociétés civiles, on a effectivement accordé à chaque Souverain qu'il seroit le seul qui eût droit de punir, comme il trouveroit à propos, les fautes de ses sujets qui intéressent proprement le corps dont ils sont membres.

§. XXV. 2°. Mais on ne leur a pas laissé un droit si absolu & si particulier à l'égard des crimes qui intéressent en quelque façon la Société humaine ; en telle sorte que par rapport à ces crimes, les autres Etats ou leurs Chefs ont droit d'en poursuivre la punition.

§. XXVI. 3°. A plus forte raison ont-ils ce droit, lorsqu'il s'agit des crimes par lesquels ils sont offensés d'une manière directe, & à l'égard desquels ils ont un droit parfait de punition pour le maintien de leur Société ou de leur honneur ; ainsi dans ces circonstances, l'Etat ou le chef de l'Etat chez qui un coupable étranger se retire, ne doit apporter, en tant qu'en lui est, aucun empêchement à l'exécution qui appartient à toute autre Puissance.

§. XXVII. 4°. Or comme un Prince ne permet pas ordinairement qu'un autre Prince envoie sur ses terres des gens armés pour se saisir des criminels qu'il veut punir, (& cela aussi seroit sujet à de fâcheux inconvéniens) il faut nécessairement que le Souverain sur les terres duquel se trouve un coupable atteint & convaincu, fasse de deux choses l'une, ou qu'il punisse lui-même le coupable à la requisition du Souverain offensé, ou qu'il le remette entre les mains de celui-ci, pour qu'il le punisse ainsi qu'il le trouvera à propos; & c'est ce qu'on appelle livrer, & dont on trouve tant d'exemples dans l'histoire.

§. XXVIII. 5°. Les principes que l'on vient d'établir touchant l'obligation de punir ou de livrer, regardent non seulement les coupables qui ont toujours été sujets de l'Etat dans les terres duquel ils se trouvent, mais encore ceux qui après avoir commis quelque crime, sont venus se refugier dans le pays.

§. XXIX. 6°. Enfin il faut encore remarquer que le droit qu'ont les Puissances souveraines, de demander qu'on leur livre les criminels qui se sont sauvés de leurs terres, n'a lieu suivant l'usage établi depuis plusieurs siécles dans la plus grande partie de l'Europe, qu'en matière de crime d'Etat ou de ceux qui sont d'une énormité extrême. Pour les crimes moins considérables, on les dissimule de part & d'autre, à moins qu'on n'en soit autrement convenu par quelque traité particulier.

§. XXX. Outre toutes les espéces de guerre dont on a parlé jusqu'ici, on peut encore les distinguer en guerres *pleines & parfaites*, & en guerres *imparfaites*. La guerre pleine & parfaite, est celle qui rompt entièrement & à tous égards l'état de paix & de société, & qui donne lieu à tous les actes d'hostilité quels qu'ils puissent être : la guerre imparfaite est au contraire celle qui ne rompt pas la paix à tous égards, mais pour de certaines choses seulement, l'état de paix subsistant quant au surplus.

§. XXXI. C'est à cette dernière espéce de guerre que l'on rapporte communément les représailles, dont il est à propos de traiter ici. On entend donc par les représailles, *cette espéce de guerre imparfaite, ces actes d'hostilité que les Souverains exercent les uns contre les autres, ou leurs sujets par leur consentement, en arrêtant ou les per-*

sonnes ou les effets des sujets d'un Etat qui a commis à notre égard quelque injustice qu'il refuse de réparer, afin de nous procurer des sûretés à cet égard, & pour l'engager à nous rendre justice ; & au cas qu'il persiste à nous la refuser, de nous la faire à nous-mêmes, l'état de paix subsistant quant au surplus.

§. XXVIII. GROTIUS prétend que les représailles ne sont point fondées sur un droit naturel & de nécessité, mais seulement sur une espéce de droit des gens arbitraire, par lequel la plûpart des Nations sont convenues entr'elles que les biens des sujets d'un Etat, seroient comme hypothéqués pour ce que l'Etat ou le chef de l'Etat pourroit devoir, soit directement & par eux-mêmes, soit en tant que faute de rendre bonne justice, ils seroient rendus responsables du fait d'autrui.

§. XXXIII. Mais ce n'est point ici un droit arbitraire fondé sur un prétendu droit des gens, dont on ne sçauroit prouver l'existence & dans lequel tout se réduit à un usage plus òu moins étendu, mais qui par lui-même n'a jamais force de loi : le droit dont il s'agit ici, est une suite de la constitution des Sociétés civiles, & une application des maximes du droit naturel à cette constitution.

§. XXXIV. Dans l'indépendance de l'état de nature, & avant qu'il y eût aucun Gouvernement, personne ne pouvoit s'en prendre qu'à ceux-là même de qui il avoit reçu du tort ou à leurs complices, parce que personne n'avoit alors avec d'autres une liaison en vertu de laquelle il pût être censé participer en quelque manière à ce qu'ils faisoient même sans sa participation.

§. XXXV. Mais depuis qu'on eut formé des Sociétés civiles, c'est-à-dire, des corps dont tous les membres s'unissent ensemble pour leur défense commune, il a nécessairement résulté de-là une communauté d'intérêts & de volontés, qui fait que comme la Société ou les Puissances qui la gouvernent, s'engagent à se défendre chacun contre les insultes de tout autre, soit citoyen soit étranger, chacun aussi peut être censé s'être engagé à répondre de ce que fait ou doit faire la Société dont il est membre, ou les Puissances qui la gouvernent.

§. XXXVI. Aucun établissement humain, aucune liaison où l'on entre, ne sçauroit dispenser de l'obligation de cette loi générale & inviolable de la nature, qui veut que le dommage que l'on a causé à autrui soit réparé, à moins que ceux qui sont par-là exposés à en souffrir, n'ayent manifestement renoncé au droit d'exiger cette réparation : & lorsque ces sortes d'établissemens empêchent à certains égards, que ceux qui ont été lésés ne puissent obtenir aussi aisément la satisfaction qui leur est dûe, qu'ils l'auroient fait sans cela, il faut réparer cette difficulté en fournissant aux intéressés toutes les autres voies possibles de se faire eux-mêmes raison.

§. XXXVII. Or il est certain que les Sociétés ou les Puissances qui les gouvernent, par cela même qu'elles sont armées des forces de tout le corps, sont quelquefois encouragées à se moquer impunément des étrangers qui viennent leur demander quelque chose qu'elles leur doivent, & que chaque sujet contribue d'une manière ou d'autre à les mettre en état d'en user ainsi; de sorte que par-là il peut être censé y consentir en quelque sorte : que s'il n'y consent pas en effet, il n'y a pas après tout d'autre manière de faciliter aux étrangers lésés, la poursuite de leurs droits devenue difficile par la réunion des forces de tout le corps, que de les autoriser à s'en prendre à tous ceux qui en font partie.

§. XXXVIII. Concluons donc que par une suite même de la constitution des Sociétés civiles, chaque sujet demeurant tel, est responsable par rapport aux étrangers, de ce que fait ou doit faire la Société ou le Souverain qui la gouverne, sauf à lui de demander un dédommagement lorsqu'il y a de la faute ou de l'injustice de la part des supérieurs : que si quelquefois on est frustré de ce dédommagement, il faut regarder cela comme un des inconvéniens que la constitution des affaires humaines rend inévitables dans tout établissement humain. Si l'on joint à toutes ces raisons les raisons mêmes de convenance que rapporte GROTIUS, on conviendra aisément qu'il n'est pas nécessaire de supposer ici un consentement tacite des peuples, pour fonder le droit de représailles.

§. XXXIX. Les représailles étant des actes d'hostilité, & qui dégénèrent même souvent dans une guerre pleine & parfaite, il est bien évident qu'il n'y a que le Souverain qui puisse les exercer légitimement, & que les sujets ne peuvent le faire que de son ordre & par son autorité.

§. XL. D'ailleurs il est nécessaire que le tort ou l'injustice que l'on nous fait & qui occasionne les représailles, soit manifeste & évident, & qu'il s'agisse de quelque interêt considérable. Si l'injustice est douteuse ou de peu de conséquence, il seroit également injuste & périlleux d'en venir à cette extrémité, & de s'exposer ainsi à tous les maux d'une guerre ouverte : on ne doit pas non plus en venir aux représailles avant que d'avoir tâché d'obtenir raison par les voies ordinaires du tort qui nous a été fait ; il faut s'adresser pour cela au Magistrat de celui qui nous a fait injustice ; après quoi si le Magistrat ne nous écoute point ou nous refuse satisfaction, on peut pour se la procurer user de représailles.

§. XLI. En un mot, il n'est pas permis d'en venir aux représailles, que lorsque tous les moyens ordinaires d'obtenir ce qui nous est dû viennent à nous manquer ; en telle sorte, par exemple, que si un Magistrat subalterne nous avoit refusé la justice que nous demandons, il ne nous seroit pas encore permis d'user de représailles avant que de nous être adressé au Souverain de ce Magistrat même, qui peut-être nous rendra justice. Dans ces circonstances on peut donc ou arrêter les sujets d'un Etat, si l'on arrête nos gens chez eux, ou saisir leurs biens & leurs effets : mais quelque juste sujet qu'on ait d'user de représailles, on ne peut jamais directement, pour cette seule raison, faire mourir ceux dont on s'est saisi : on doit seulement les garder sans les maltraiter, jusqu'à ce que l'on ait obtenu satisfaction ; de sorte que pendant tout ce tems-là ils sont comme en ôtage.

§. XLII. Pour les biens saisis par droit de représailles, il faut en avoir soin jusqu'à ce que le tems auquel on doit nous faire satisfaction soit expiré, après quoi on peut les adjuger au créancier ou les vendre pour l'acquit de la dette, en rendant à celui sur qui on les a pris, ce qui reste, tous frais déduits.

§. XLIII. Remarquons encore qu'il n'est permis d'user de représailles qu'à l'égard des sujets proprement ainsi nommés & de leurs biens ; car pour ce qui est des étrangers qui ne sont que passer, ou qui viennent seulement pour demeurer quelque-tems dans le pays, ils n'ont pas une assez grande liaison avec l'Etat, dont ils ne sont membres qu'à tems & d'une manière imparfaite, pour que l'on puisse se dédommager sur eux du tort qu'on a reçu de quelque citoyen originaire & perpétuel, & du refus que le Souverain a fait de nous rendre justice. Il faut encore excepter ici les Ambassadeurs qui sont des personnes sacrées, même pendant une guerre pleine & entière: mais pour ce qui est des femmes, des ecclésiastiques, des gens de lettres &c. le droit naturel ne leur accorde ici aucun privilége, s'ils ne l'ont d'ailleurs acquis en vertu de quelque traité. Cela peut suffire sur les représailles.

§. XLIV. Enfin quelques politiques distinguent encore ces guerres qui se font entre deux ou plusieurs Souverains, & celles des sujets contre les puissances; mais il est aisé de sentir que lorsque des sujets prennent les armes contre leur Souverain, ils le font ou pour de justes raisons & suivant les principes que nous avons établis ci-dessus, ou sans en avoir un sujet légitime: au dernier cas, c'est plutôt une révolte, un soulevement, qu'une guerre proprement ainsi nommée. Mais si les sujets ont de justes raisons de résister à leur Souverain, c'est une véritable guerre, puisqu'il n'y a plus alors ni Souverain ni ſujet, & que tous lien de dépendance & d'obligation vient à ceſſer. Les deux partis oppoſés ſont alors dans l'état de nature & d'égalité : ils tâchent de ſe faire raiſon par leurs propres forces : c'eſt donc une véritable guerre, & voila qui peut ſuffire ſur les différentes eſpèces de guerres.

CHAPITRE IV.

Des choſes qui doivent précéder la Guerre.

§. I. QUelque juſte ſujet qu'on ait de faire la guerre, cependant comme elle entraîne après ſoi & d'une manière inévitable une infinité de maux & même ſouvent des injuſtices, il eſt certain que l'on ne doit pas ſe porter d'abord ni trop facilement à en venir à une extrémité dangereuſe, & qui peut être très-funeſte au vainqueur lui-même.

§. II. Voici donc les ménagemens que la prudence veut que les Souverains obſervent dans ces circonſtances.

1°. En ſuppoſant que le ſujet de la guerre eſt juſte en lui-même, il faut qu'il s'agiſſe d'une choſe de grande conſéquence

pour

pour nous ; il vaut mieux dissimuler ou relâcher quelque chose de son droit, lorsque la chose n'est pas considérable, que d'en venir aux armes.

2°. Il faut que l'on ait au moins quelque apparence probable de réussir, car ce seroit une témérité criminelle, une véritable folie que de s'exposer de gaieté de cœur à une destruction certaine & à se jeter dans un plus grand mal, pour en éviter un moindre.

3°. Enfin, il faut qu'il y ait une véritable nécessité à prendre les armes, c'est-à-dire, que l'on ne puisse employer aucun autre moyen plus doux pour obtenir ce que nous demandons, ou pour nous mettre à couvert des maux qui nous menacent.

§. III. Non-seulement ce sont là des principes de prudence, mais la maxime générale de la sociabilité & de l'amour de la paix, veut que nous en usions de cette manière ; maxime qui n'a pas moins de force par rapport aux Nations, que par rapport aux particuliers : c'est donc une nécessité au Souvérain de suivre ces maximes : la justice du Gouvernement les y oblige par une suite de la nature même & du but de l'autorité ; ils doivent toujours prendre un ſoin particulier de l'Etat & d leurs ſujets, & par conſéquent ne les ex poſer à tous les maux que la guerre entra ne après ſoi, qu'à la dernière extrémité, lorſqu'il ne reſte plus d'autres reſſourc que celle des armes.

§. IV. Ce n'eſt donc pas aſſez que guerre ſoit juſte en elle-même par rappo à l'ennemi ; il faut encore qu'elle le ſo par rapport à nous-mêmes & à nos ſu jets. PLUTARQUE nous rapporte là-deſſu que « parmi les anciens Romains, lor » que les Prêtres nommés *Féciaux* avoien » conclu que l'on pouvoit juſtement en » treprendre la guerre » le Sénat exam noit encore s'il étoit avantageux de s' engager.

§. V. Or entre les moyens de termine les différens entre les Nations ſans en ven aux armes, il y en a trois principau Le premier eſt une conférence amiab entre les Parties qui ont quelque démêlé & là-deſſus CICERON remarque fort jud cieuſement, « que cette manière de term » ner un différent par la diſcuſſion de » raiſons de part & d'autre, convient pa » ticulièrement à l'homme, que la forc » appartient aux bêtes, & qu'il ne fau

» y avoir recours que quand on ne peut
» employer l'autre voie utilement.

§. VI. Le second moyen de terminer un différent entre ceux qui n'ont point un Juge commun, c'est un compromis entre les mains d'Arbitres ; les Grands négligent pour l'ordinaire cette manière de terminer les difficultés, mais elle mérite assurément d'être suivie par ceux qui aiment la justice & la paix, & elle l'a aussi été par plusieurs grands Princes & par des peuples illustres.

§. VII Enfin, le troisième que l'on peut quelquefois employer avec succès, c'est la voie du sort. J'ai dit, que l'on peut quelquefois employer cette voie ; car il n'est pas assurément toujours permis de remettre à la décision du sort l'issue d'un différent ou d'une guerre. On n'a plein pouvoir de prendre cette voie, comme on le juge à propos, que quand il s'agit d'une chose sur laquelle on a un plein droit & à laquelle on peut renoncer ; mais en général l'obligation où est le Souverain de conserver la vie, l'honneur ou la Religion des citoyens, & autres choses semblables, comme aussi l'obligation où il est de maintenir l'honneur de l'Etat, ces obligations sont trop fortes & trop considérables pour que le Souverain puisse renoncer à l'usage des moyens les plus naturels & les plus apparens pour sa propre conservation & pour celles des autres, & employer d'abord la voye du sort, qui est de sa nature entièrement incertaine.

§. VIII. Mais à cela près, si tout bien compté, celui qui a été injustement attaqué se trouve si foible, qu'il ne voye aucune apparence de pouvoir résister à l'ennemi, rien n'empêche ce semble, qu'il n'offre de vuider le différent par la voix du sort, pour éviter ainsi un péril certain en s'exposant à un danger incertain ; car c'est alors le moindre de deux maux inévitables.

§. IX. Il y a encore un autre moyen qui a quelque rapport avec le sort ; ce sont les combats singuliers ou particuliers que l'on a mis plusieurs fois en usage pour terminer les différens qui étoient prêts à causer la guerre entre deux peuples : & en effet, rien n'empêche que pour prévenir la guerre & les malheurs qu'elle entraîne, on ne s'en rapporte au combat entre un certain nombre de gens, dont on est convenu de part & d'autre. L'histoire nous fournit plusieurs exemples de ces sortes de combats, comme celui d'*Enée* & de *Turnus*, de *Menelas* & de *Paris*, des *Horaces* & des *Curiaces*.

§. X. C'est une question importante de sçavoir, si l'on fait bien d'exposer ainsi l'intérêt de tout un Etat au hazard de ces sortes de combats : Il semble d'un côté que par ce moyen on épargne le sang humain & qu'on abrége les malheurs de la guerre ; de l'autre, on peut dire avec quelque apparence de raison, qu'il vaut mieux s'engager même dans une guerre sanglante, que de risquer d'un seul coup la liberté & le salut de l'Etat par un combat décisif, d'autant mieux que même après avoir perdu une ou deux batailles, on peut se relever par une troisième où l'on sera victorieux.

§. XI. Cependant on peut dire, que si l'on n'a d'ailleurs aucune apparence de bon succès, ou qu'il ne s'agisse pas de la liberté ou du salut de l'Etat, il semble que rien n'empêche que l'on n'embrasse ce parti, comme le moindre de deux maux auxquels on est inévitablement exposé.

§. XII. GROTIUS, en examinant cette question, prétend que ces sortes de combats ne sont pas conformes à la justice intérieure, quoiqu'ils soient approuvés par un droit des gens externe, & que les particuliers ne peuvent pas s'exposer volontairement à de pareils combats sans péché, quoique ces mêmes combats puissent être innocemment permis par l'Etat ou par le Souverain pour éviter de plus grands maux; mais on a bien remarqué que les raisons dont se sert ce grand homme pour appuyer son sentiment, ou ne prouvent rien, ou bien qu'elles prouvent en même tems, qu'il n'est jamais permis d'exposer sa vie dans un combat, quel qu'il soit.

§. XIII. On peut même dire que GROTIUS n'est pas bien d'accord avec lui-même, puisqu'il permet ces sortes de combats, lorsque sans cela il y a toutes les apparences du monde que celui dont la cause est injuste sera victorieux, & fera ainsi périr un grand nombre de personnes innocentes : car cette exception fait voir que la chose en elle-même n'est point mauvaise, & que tout le mal qu'il peut y avoir ici, consiste à exposer sa vie ou celles des autres au hazard du combat sans nécessité. Le desir de finir ou de prévenir la guerre qui a toujours de si fâcheuses suites, même pour le parti victorieux, est si louable, qu'il peut excuser, sinon justifier entiérement ceux qui s'engageroient ou qui engageroient même imprudemment les autres dans un combat de cette nature. Quoi qu'il en soit, il est du moins certain qu'en ce cas-là ceux qui combattent par ordre de l'Etat sont tout-à-fait innocens; car ils ne sont pas plus obligés d'examiner si l'Etat agit prudemment ou non, que quand on les envoie à un assaut ou à une bataille rangée.

§. XIV. Remarquons cependant que c'étoit une folle superstition que celle de ces peuples qui regardoient les combats singuliers comme un moyen légitime de terminer tous les différens, même entre des particuliers, & qui s'imaginoient que la Divinité faisoit toujours triompher le parti le plus juste, & qui pour cela appelloient ces sortes de combats des *jugemens de Dieu*.

§. XV. Enfin, si après avoir fait tous ses efforts pour terminer les différens à l'amiable, il ne reste plus aucune espérance, & que l'on se voye contraint pour dernière ressource d'entreprendre la guerre, l'on doit encore avant que de le faire, la déclarer formellement à l'ennemi.

§. XVI. Cette déclaration de guerre considérée en elle-même & indépendamment des formalités particulières de chaque peuple, n'est pas simplement du droit des gens à prendre ce mot dans le sens de GROTIUS, mais du droit même naturel. En effet, la prudence & l'équité naturelle demandent également qu'avant que de prendre les armes contre quelqu'un, on tente toutes sortes de voies de douceur avant que d'en venir à cette extrémité. Il faut donc sommer celui de qui on a reçu quelque tort de nous en faire quelque satisfaction au plutôt, pour voir s'il ne voudroit pas penser à lui-même, & nous éviter la nécessité de poursuivre notre droit par la voie des armes.

§. XVII. Il s'ensuit de ce que nous venons de dire, que la déclaration de guerre n'a lieu que dans les guerres offensives; car lorsque l'on est actuellement attaqué, cela seul nous donne lieu de croire que l'ennemi a bien résolu de ne point entendre parler d'accommodement.

§. XVIII. Il s'ensuit encore, que l'on ne doit pas commencer les actes d'hostilité immédiatement après avoir déclaré la guerre, mais qu'il faut attendre du moins autant que l'on peut, sans se causer à soi-même du préjudice, que celui qui nous a fait du tort ait refusé hautement de nous satisfaire, & se soit mis en devoir de nous attendre de pied ferme; & cela, encore même qu'il n'y ait pas beaucoup d'espérance qu'il se dispose à nous donner satisfaction. Autrement la déclaration de guerre ne seroit plus qu'une vaine cérémonie, & on ne doit rien négliger pour faire voir à tout le monde & à l'ennemi même, que ce n'est qu'à la dernière extrémité que l'on prend les armes pour obtenir ou maintenir ses justes droits, après avoir tenté toute autre sorte de voie & lui avoir donné tout le tems de revenir à lui-même.

§. XIX. On distingue la déclaration de guerre, en *déclaration conditionnelle* & en *déclaration pure & simple*. La déclaration conditionnelle est celle qui est jointe avec la demande solemnelle de la chose qui nous est due, & sous cette condition que si on ne nous satisfait pas, nous nous ferons raison par les armes. La déclaration pure & simple, est celle qui ne renferme aucune condition, mais par laquelle on renonce purement à l'amitié & à la société de celui à qui on déclare la guerre ; mais la déclaration de guerre, de quelque manière qu'elle se fasse, est par sa nature conditionnelle.* On doit toujours être disposé à recevoir une satisfaction raisonnable du moment que l'ennemi l'offre, & c'est ce qui fait que quelques personnes rejettent cette distinction de la déclaration de guerre. Mais elle peut pourtant se soutenir, en supposant que celui à qui on déclare la guerre purement & simplement, a déja assez témoigné qu'il n'avoit aucun dessein de nous épargner la nécessité d'en venir aux mains avec lui. Jusques-là donc la déclaration peut bien, du moins quant à la forme, être pure & simple, sans préjudice des dispositions où l'on doit toujours être, supposé que l'ennemi revînt à lui-même, ce qui regarde la fin de la guerre plutôt que les commencemens, auxquels se rapporte la distinction des déclarations, en pures & en conditionnelles.

§. XX. Au reste, du moment que la guerre a été déclarée à un Souverain, non-seulement elle est censée déclarée en même tems à tous les sujets, qui avec lui ne

* *Vide supra, n. XVIII.*

ſont qu'une ſeule perſonne morale, mais encore à tous ceux qui dans la ſuite peuvent ſe joindre à lui, & qui ne doivent être regardés par rapport à l'ennemi principal, que comme des ſecours ou des acceſſoires.

§. XXI. Pour ce qui eſt des formalités que les différentes Nations obſervent dans les déclarations de guerre, elles ſont toutes arbitraires par elles-mêmes. Il eſt donc indifférent qu'on le faſſe par des Envoyés, par des Hérauts ou par des Lettres, que ce ſoit à la perſonne même du Souverain ou aux ſujets, pourvu néanmoins que le Prince ne puiſſe pas l'ignorer.

§. XXII. A l'égard des raiſons pour leſquelles les peuples ont trouvé à propos que la guerre, pour être légitime & ſolemnelle, fût précédée d'une déclaration & du but qu'ils ſe ſont propoſé en cela, GROTIUS prétend que c'eſt afin qu'on pût être d'autant mieux aſſuré que la guerre étoit entrepriſe, non par une autorité privée, mais par l'ordre de l'un ou de l'autre peuple ou de leurs Souverains.

§. XXIII. Mais cette raiſon de GROTIUS paroît peu ſuffiſante; car eſt-on plus aſſuré que la guerre ſe fait par autorité publique, lorſqu'un Héraut par exemple vient de la déclarer avec certaines cérémonies, qu'on ne le seroit lorsqu'on verroit sur les frontières une armée commandée par quelqu'un des principaux de l'Etat & prête à entrer dans notre pays? Ne pourroit-il pas au contraire arriver plus aisément, qu'une personne ou quelque peu de personnes s'érigeassent de leur chef en Hérauts, que non pas qu'un homme levât de son autorité une armée & la menât sur la frontière à l'insçu du Souverain?

§. XXIV. La vérité est, que le but principal des déclarations de guerre, ou du moins ce qui en a fait établir l'usage, c'est afin de faire connoître à tout le monde que l'on a un juste sujet de prendre les armes & de témoigner à l'ennemi même, qu'il n'a tenu & qu'il ne tient encore qu'à lui de l'éviter. Les déclarations de guerre, les manifestes que les Princes publient, sont à cet égard un juste respect qu'ils ont les uns pour les autres & pour la Société en général, à laquelle ils rendent ainsi en quelque façon compte de leur conduite pour obtenir leur approbation: c'est ce qui paroît en particulier par la manière dont les Romains faisoient cette déclaration; celui que l'on envoyoit pour cela prenoit à témoins les Dieux, que le peuple à qui ils déclaroient la guerre, étoit injuste, en ne voulant point faire ce que le droit & la justice demandoient.

§. XXV. Enfin, il faut encore remarquer ici, que l'on ne doit pas confondre la *déclaration* de la guerre avec la *publication* de la guerre : cette dernière se fait en faveur des sujets mêmes du Prince qui déclare la guerre, & pour leur apprendre que telle ou telle Nation doit être regardée dans la suite comme ennemie, & qu'ils doivent prendre leurs mesures là-dessus.

CHAPITRE V.

Régles générales pour connoître ce qui est permis dans la Guerre.

§. I. CE n'est pas assez pour qu'une guerre se fasse avec justice, qu'elle soit entreprise pour un juste sujet, & que l'on y observe d'ailleurs les autres choses dont nous avons parlé jusqu'ici; mais il faut de plus, qu'en la faisant, on reste dans les termes de la justice, de l'humanité, & qu'on ne pousse pas les actes d'hostilité au de-là de leurs bornes.

§. II. GROTIUS, en traitant cette matière, établit d'abord trois régles générales qui sont autant de principes, & qui servent à faire comprendre quelle est l'étendue des droits de la guerre & jusques où ils peuvent être portés.

§. III. La première, c'est que tout ce qui a une liaison moralement nécessaire avec le but de la guerre est permis, & rien davantage. En effet, il seroit tout-à-fait inutile d'avoir droit de faire une chose, si l'on ne pouvoit se servir des moyens nécessaires pour en venir à bout; mais aussi il ne seroit pas juste que sous prétexte de défendre son droit, on se crût tout permis, & qu'on se portât aux dernières extrémités.

§. IV. *Seconde régle.* Le droit qu'on a contre un ennemi & que l'on poursuit par les armes, ne doit pas être considéré uniquement par rapport au sujet qui fait commencer la guerre, mais encore par rapport aux nouvelles causes qui surviennent dans la suite & pendant le cours de la guerre: tout de même qu'en justice une des Parties acquiert souvent un nouveau droit pendant le cours du procès. C'est-là le fondement du droit que l'on a d'agir contre ceux qui se joignent à notre ennemi pendant le cours de la guerre, soit qu'ils dépendent de lui ou non

§. V. Enfin *la troisième régle*, c'est qu'il y a bien de choses, qui quoiqu'illicites d'ailleurs, deviennent permises dans la guerre, parce qu'elles en sont des suites inévitables, & qu'elles arrivent contre notre intention & sans un dessein formel: autrement il n'y auroit jamais moyen de faire la guerre sans injustice, & les actions les plus innocentes devroient souvent être regardées comme injustes, puisqu'il y en a peu d'où il ne puisse, par occasion, provenir quelque mal contre l'intention de l'agent.

§. VI. Ainsi, par exemple, pour avoir ce qui nous appartient, on a droit de prendre une chose qui vaut davantage, si l'on ne peut pas prendre précisément autant qu'il nous est dû, sous l'obligation néanmoins de rendre la valeur de ce qui est au delà de la dette. On peut aussi canonner un vaisseau plein de Corsaires, quoique dans ce vaisseau il se trouve quelques femmes, quelques enfans, ou d'autres personnes innocentes, qui courent risque d'être enveloppées dans la ruine de ceux que l'on veut & que l'on peut faire périr avec justice.

§. VII. Telle est l'étendue du droit que l'on a contre un ennemi en vertu de l'état de guerre : cet état anéantissant par lui-même l'état de société, quiconque se déclare notre ennemi, nous autorise par-là à agir contre lui par des actes d'hostilité poussés à l'infini & aussi loin qu'on le juge à propos, & cela non seulement jusqu'à ce qu'on se soit mis à couvert des dangers dont on est menacé : ou qu'on ait recouvré ce qui nous avoit été enlevé injustement, ou que l'on se soit fait rendre ce qui nous étoit dû ; mais encore jusqu'à ce qu'on nous ait donné de bonnes suretés pour l'avenir : il n'est donc pas toujours injuste de rendre plus de mal qu'on n'en avoit effectivement reçu.

§. VIII. Mais il faut encore remarquer ici, que quoique ces maximes soient vraies en vertu du droit rigoureux de la guerre, la loi de l'humanité met néanmoins des bornes à ce droit ; elle veut que l'on considère non seulement si tels ou tels actes d'hostilités peuvent être exercés contre un ennemi sans qu'il ait lieu de s'en plaindre, mais encore s'ils sont dignes d'un vainqueur humain ou même d'un vainqueur généreux. Ainsi, autant qu'il est possible, &

& que notre défense & notre sureté pour l'avenir nous le permettent, il faut tempérer les maux que l'on fait à un ennemi par les principes de l'humanité.

§. IX. Pour ce qui est des voies même que l'on peut employer légitimement contre un ennemi, il est bien évident que la terreur & la force ouverte sont le caractère propre de la guerre, comme aussi la voie la plus commune dont on se sert; mais il n'est pas moins permis d'employer la ruse & l'artifice contre un ennemi; pourvu qu'on le fasse sans perfidie & sans manquer à ce qu'on a promis; ainsi on peut tromper l'ennemi par de fausses nouvelles & des discours inventés à plaisir; mais on ne doit jamais violer ce à quoi on s'est engagé envers lui par quelque promesse ou par quelque convention, comme nous le ferons voir plus particulièrement dans la suite.

§. X. On peut juger par là du droit des *stratagêmes*, & l'on ne sçauroit raisonnablement douter que l'on ne puisse innocemment employer la ruse & l'artifice à l'égard de celui contre lequel on peut tourner toutes ses forces : les premiers moyens ont même cet avantage sur les derniers, qu'ils sont ordinairement suivis de moins de maux, & que l'on conserve par-là la vie à bien des innocens.

§. XI. Il est vrai que quelques Nations ont quelquefois rejeté l'usage des ruses & des tromperies dans la guerre : mais ce n'étoit pas que l'on y trouvât de l'injustice, c'est par une espéce de grandeur d'ame bien ou mal entendue, & souvent par la confiance qu'elles avoient en leurs propres forces. Les Romains presque jusques à la fin de la seconde guerre Punique, se faisoient un point d'honneur de n'user d'aucune ruse de guerre.

§. XII. Tels sont les principes, au moyen desquels on peut juger jusques à quel degré on peut pousser les actes d'hostilité. Ajoutons là-dessus que la plûpart des Nations n'ont mis aucunes bornes aux droits que la loi naturelle donne d'agir contre un ennemi ; & pour dire la vérité, il est bien difficile de déterminer précisément jusqu'où il suffit de porter les actes d'hostilité, dans les guerres même les plus légitimes, pour se défendre & pour obtenir la réparation du dommage, ou pour se procurer les sûretés nécessaires pour l'avenir ; d'autant plus que ceux qui entrent en guerre se donnent eux-mêmes l'un à l'autre & par une espéce de convention tacite, une liberté entière de tempèrer ou d'augmenter la fureur des armes, & d'exercer toutes sortes d'actes d'hostilité, selon que chacun le trouve à propos.

§. XIII. Et si les Généraux d'armée punissent ceux qui ont porté les actes d'hostilité au delà des ordres précis qu'ils avoient donnés, ce n'est pas tant parce qu'ils ont fait par-là du tort à l'ennemi, mais principalement pour avoir violé les ordres de leur Commandant, & afin de maintenir la discipline militaire qui demande beaucoup de sévérité.

§. XIV. C'est encore par une conséquence de ces principes, que ceux qui dans une guerre publique & solemnelle, ont poussé le carnage & les pilleries au delà de ce que la loi naturelle permet; ne passent pas d'ordinaire dans le monde pour des meurtriers ou pour des voleurs, & ne sont pas punis comme tels. Il est établi entre les Nations, qu'il faut laisser cela à la conscience de ceux qui se font la guerre, plutôt que de s'attirer des querelles fâcheuses, en s'ingérant de condamner l'une ou l'autre des parties.

§. XV. On peut même dire que l'usage où sont les Nations là-dessus, est fondé sur des principes naturels. En effet, supposons que dans l'indépendance de l'état de nature, trente chefs de famille habitans d'une même contrée, se fussent ligués pour attaquer ou pour repousser d'autres chefs de famille unis ensemble, je dis que ni pendant cette guerre ni après qu'elle est finie, ceux de la même contrée ou d'ailleurs qui n'étoient point entrés dans la ligue ni d'une part ni d'une autre, ne devoient & ne pouvoient point punir comme meurtriers ou voleurs, aucun de ceux des deux partis qui pourroient venir à tomber entre leurs mains.

§. XVI. Ils ne le pourroient pas pendant la guerre, car ce seroit épouser la querelle de l'un des deux partis, & par cela même qu'ils sont d'abord demeurés neutres, ils ont clairement renoncé au droit de se mêler de ce qui pourroit se passer dans cette guerre; bien moins le pourroient-ils encore après la guerre finie, puisque la guerre ne pouvant finir sans quelque accommodement ou quelque traité de paix, les intéressés eux-mêmes se sont réciproquement tenus quittes de tous les maux qu'ils s'étoient faits.

§. XVII. Le bien de la Société vouloit ussi que l'on suivît ces maximes : car si eux qui demeurent neutres étoient autoisés à connoître des actes d'hostilité exerés dans une guerre étrangère, & en conséquence à punir ceux qu'ils jugeroient en .voir commis d'injustes & à prendre les arnes pour ce sujet, au lieu d'une guerre il 'en éleveroit nécessairement plusieurs, & :e seroit une source féconde de querelles & le troubles. Plus les guerres devenoient réquentes, & plus il étoit nécessaire, pour a tranquillité du genre humain, qu'on n'é-oousât pas légèrement la querelle d'autrui. L'établissement même des Sociétés civiles n'a fait que rendre plus nécessaire la pratique de ces maximes, parce que les guerres sont devenues dès-lors, sinon plus fréquentes, du moins plus étendues & ac-compagnées d'un plus grand nombre de maux.

§. XVIII. Remarquons enfin que tous les Actes d'hostilité que l'on peut exercer légitimement contre un ennemi, peuvent être exercés & sur nos propres terres, & sur celles de l'ennemi, & sur une terre qui n'appartient à personne, & sur mer.

§. XIX. Il n'en est pas de même en pays

neutre, c'est-à-dire, dans ceux dont le Souverain n'a pris aucun parti entre ceux qui sont en guerre. Dans ces terres, on ne sçauroit legitimement exercer aucun acte d'hostilité, ni sur les personnes même des ennemis ni sur leurs biens; & cela non point en vertu de quelque droit de l'ennemi même, mais par un juste respect pour le Souverain du pays, qui n'ayant pris parti ni pour ni contre nous, nous met dans la nécessité de respecter sa Jurisdiction, & de ne commettre aucune violence sur ses terres. Ajoutez que par cela seul que le Souverain du pays est demeuré neutre, il s'est engagé tacitement à ne permettre sur son territoire aucun acte d'hostilité de part ni d'autre.

CHAPITRE VI.

Des droits que donne la Guerre sur les personnes des ennemis; de leur étendue & de leurs bornes.

§. I. VOYONS maintenant dans quelque détail, les différens droits que la guerre donne sur les personnes & sur les biens des ennemis, & commençons par les premiers.

1°. Donc il est certain que l'on peut innocemment tuer un ennemi ; je dis innocemment, non seulement aux termes de la justice extérieure, & qui passe pour telle chez toutes les Nations, mais encore selon la justice intérieure & les loix de la conscience : & en effet, le but de la guerre demande nécessairement que l'on ait ce pouvoir, autrement ce seroit en vain que l'on prendroit les armes & que les loix de la nature le permettroient.

§. II. Si l'on ne consultoit ici que l'usage des Nations, & ce que GROTIUS appelle le *Droit des Gens*, cette licence de tuer l'ennemi s'étendroit bien loin ; on pourroit dire qu'elle n'a point de bornes, & qu'elle peut être exercée jusques sur les personnes innocentes. Cependant quoiqu'il soit incontestable que la guerre entraîne après elle une infinité de maux, qui considérés en eux-mêmes sont des injustices & de véritables cruautés, mais qui dans de certaines circonstances doivent plutôt être envisagés comme des malheurs inévitables, il est vrai néanmoins que le droit que donne la guerre sur la personne & la vie de l'ennemi, a des cornes, & qu'il y a ici des tempéramens à observer, que l'on ne sçauroit négliger sans crime.

§. III. En général, il faut toujours avoir égard aux principes que nous avons établis dans le Chapitre précédent, pour juger du degré auquel on peut porter les actes d'hostilité. Le pouvoir que l'on a d'ôter la vie à l'ennemi, ne va donc pas jusques à l'infini : & si l'on peut parvenir au but légitime que l'on se propose en faisant la guerre, si l'on peut se défendre, si l'on peut obtenir la réparation du tort qu'on nous a fait ; & de bonnes suretés pour l'avenir en épargnant la vie de l'ennemi, il est incontestable que la justice & l'humanité veulent qu'on en use de cette maniére.

§. IV. Il est vrai que dans l'application de ces maximes aux cas particuliers, il est quelquefois très-difficile, pour ne pas dire impossible, de marquer précisément l'étendue & les bornes qu'on doit leur donner ; mais au moins il est toujours certain que l'on doit tâcher d'en approcher autant que l'on peut & sans blesser nos intérêts bien entendus. Faisons l'application de ces principes aux particuliers.

§. V. 1°. Le droit de tuer l'ennemi, ne

regarde-t-il que ceux qui portent actuellement les armes, ou bien s'étend-il indifféremment sur tous ceux qui se trouvent sur les terres de l'ennemi, soit qu'ils soient sujets ou étrangers? Je réponds qu'à l'égard de tous ceux qui sont sujets, la chose est incontestable; ce sont là les ennemis principaux, & l'on peut exercer sur eux tous les actes d'hostilité en vertu de l'état de guerre.

§. VI. Pour ce qui est des étrangers, ceux qui, lorsque la geurre est commencée, vont, le sçachant, dans le pays de notre ennemi, peuvent avec justice être regardés comme nos ennemis, & être traités comme tels; mais pour ceux qui étoient déjà venus dans le pays ennemi avant la guerre, la justice & l'humanité veulent qu'on leur accorde quelque tems pour se retirer; que s'ils n'en veulent pas profiter, on se trouve par là autorisé à les traiter comme nos ennemis même.

§. VII. 2°. A l'égard des vieillards, des femmes & des enfans, il est certain que le droit de la guerre n'exige pas par lui-même que l'on pousse les hostilités jusqu'à les tuer, & que par conséquent c'est une pure cruauté d'en user ainsi;

je dis que le but de la guerre n'exige pas cela par lui-même ; car si les femmes par exemple, exercent elles-mêmes des actes d'hostilités, si oubliant la foiblesse de leur sexe, elles prennent les armes contre l'ennemi, alors on est sans contredit en droit de se servir contr'elles de celui que donne la guerre ; disons encore que lorsque le feu de l'action emporte le Soldat comme malgré lui, & nonobstant les ordres des Supérieurs, à commettre ces actes d'inhumanité, comme par exemple, à la prise d'une ville, qui par sa résistance a irrité les troupes, alors on doit plutôt regarder ces maux-là comme des malheurs & comme des suites inévitables de la guerre, que comme des crimes punissables.

§. VIII. 3°. Il faut à peu près raisonner de la même manière sur les prisonniers de guerre ; on ne sçauroit pour l'ordinaire les faire mourir sans se rendre coupable de cruauté ; je dis pour l'ordinaire, car il peut se rencontrer des cas de nécessité si pressans, que le soin de notre propre conservation nous oblige à nous porter à des extrémités, qui hors de ces circonstances, seroient tout-à-fait criminelles.

§. IX. En général, les loix même de la guerre demandent que l'on s'abstienne du carnage autant qu'il est possible, & que l'on ne répande pas du sang sans nécessité; l'on ne doit donc pas directement & de propos délibéré ôter la vie, ni aux prisonniers de guerre, ni à ceux qui demandent quartier, ni à ceux qui se rendent, moins encore aux vieillards, aux femmes & aux enfans, & en général à aucun de ceux qui ne sont ni d'un âge ni d'une profession à porter les armes, & qui n'ont d'autre part à la guerre que de se trouver dans le pays ou dans le parti ennemi. L'on comprend bien encore que les droits de la guerre ne s'étendent pas jusqu'à autoriser les outrages faits à l'honneur des femmes; car cela ne fait rien ni à notre défense, ni à notre sûreté, ni au maintien de nos droits, & ne peut servir qu'à satisfaire la brutalité du Soldat: on fera bien de consulter sur cette matière GROTIUS (1).

§. X. Mais dans les cas où il est permis d'ôter la vie à l'ennemi, peut-on se servir pour cela de toutes sortes de

(1) *Livre III. Chap. II.*

moyens indifféremment? Je réponds qu'à considérer la chose en elle-même & d'une manière abstraite, il n'importe de quelle manière on ôte la vie à un ennemi, que ce soit de vive force, ou par ruse & par stratagême, par le fer ou par le poison.

§. XI. Cependant il est certain que suivant les idées & les coutumes reçues chez les peuples civilisés, on regarde comme une lâcheté criminelle, non seulement de faire donner à l'ennemi quelque breuvage mortel, mais encore d'empoisonner les puits, les sources, les fontaines, les fléches, les dards, les bales, & les autres choses dont on se sert contre lui: or il suffit que cet usage de regarder ces moyens comme criminels soit reçu chez les Nations avec lesquelles on a quelque chose à démêler, pour que l'on soit censé s'y soumettre, lorsqu'en commençant la guerre on ne déclare point qu'on veut avoir la liberté d'en user autrement, & la laisser en même tems à son ennemi.

§. XII. L'on peut supposer avec d'autant plus de fondement cette convention tacite, que l'humanité & l'intérêt des deux parties la demandent également, sur tout depuis que les guerres sont devenues si fréquentes, qu'elles sont si souvent entreprises pour de légers sujets, & que l'esprit humain ingénieux à inventer les moyens de nuire, a si fort multiplié ceux qui sont autorisés par l'usage, & regardés comme honnêtes. Il est d'ailleurs incontestable que quand on peut venir au même but, par des moyens plus doux & plus humains, & qui conservent la vie à plusieurs personnes, & en particulier à celles dont la conservation intéresse particulièrement la société humaine, l'humanité veut que l'on suive cette route.

§. XIII. Ce sont donc là de justes précautions que les hommes doivent suivre pour leur propre avantage : il est de l'avantage commun du genre humain que les périls ne s'augmentent pas à l'infini ; en particulier la Société y est intéressée par rapport à la conservation de la vie des Rois, des Généraux d'armées & d'autres personnes considérables, du salut desquelles dépend pour l'ordinaire celui des Sociétés ; car si la vie de ces personnes est plus en sûreté que celles des autres, quand on ne l'attaque que par les armes, elles ont d'un autre côté beaucoup plus à craindre du poison, &c. & elles seroient tous les jours exposés à périr de cette manière, si un usage bien établi ne les mettoit à couvert de ce côté-là.

§. XIV. Ajoutons enfin que toutes les Nations qui se sont piquées de justice & de générosité, ont toujours suivi ces maximes ; & les Consuls Romains, dans une lettre qu'ils écrivirent à *Pirrhus*, disoient, *qu'il étoit de l'intérêt commun de toutes les Nations qu'on ne donnât point de tels exemples.*

§. XV. On demande encore si l'on peut légitimement faire assassiner un ennemi ? Je réponds, 1°. que celui qui se sert pour cela du ministère de quelqu'un des siens, le peut en toute justice. Lorsqu'on peut tuer un ennemi, il n'importe que ceux qu'on emploie pour cela soient en grand ou en petit nombre : six cens Lacédémoniens étant entrés avec LEONIDAS dans le camp de l'ennemi, allèrent droit à la tente du Roi de Perse : or ils auroient pu sans doute le faire, quoiqu'ils eussent été en plus petit nombre. L'entreprise fameuse de MUCIUS SCEVOLA est louée par tous ceux qui en ont parlé.

& PORSENNA lui-même, celui à qui on vouloit ôter la vie, ne trouve rien que de beau dans ce dessein.

§. XVI. 2°. Mais il n'est pas si aisé de déterminer si l'on peut pour cela employer des assassins, qui en se chargeant de cette commission, commettent eux-mêmes un acte de perfidie, comme sont des Sujets par rapport à leur Souverain, des Soldats par rapport à leur Général, à cet égard, il semble qu'il faut d'abord distinguer ici deux questions différentes; l'une si l'on fait du tort à l'ennemi même contre lequel on se sert de traitres; l'autre si supposé qu'on ne lui fasse aucun tort, on commet néanmoins une mauvaise action.

§. XVII. 3°. Pour la première question, à considérer la chose en elle-même & suivant le droit rigoureux de la guerre, il semble qu'en supposant la guerre juste on ne fait aucun tort à l'ennemi, soit qu'on profite de l'occasion d'un traître qui vient s'offrir de lui-même, soit qu'on la recherche soi-même & qu'on se la procure.

§. XVIII. L'état de guerre où l'ennemi s'est mis, & où il ne tenoit qu'à lui de ne pas se mettre, donne par lui-même toute permission contre lui; ensorte qu'il n'a aucun lieu de se plaindre, quoi qu'on fasse. D'ailleurs on n'est pas plus obligé, à parler à la rigueur, de respecter le droit qu'un ennemi a sur ses Sujets, & la fidélité qu'ils lui doivent en cette qualité, que leurs biens & leurs vies, dont on peut incontestablement les dépouiller par droit de guerre.

§. XIX. 4°. Cependant je crois que cela ne suffit pas pour rendre un assassinat fait dans ces circonstances tout-à-fait innocent. Un Souverain qui aura la conscience tant soit peu délicate, & qui sera bien convaincu de la justice de ses armes, n'ira point chercher de voies de trahison pour vaincre son ennemi, & n'embrassera pas facilement celles qui se présenteront d'elles-mêmes. La juste confiance qu'il aura dans la protection du Ciel, l'horreur pour la perfidie d'autrui, la crainte de s'en rendre complice & de donner un mauvais exemple, qui pourroit retomber sur lui-même & sur les autres, lui feront mépriser & rejeter tous les avantages qu'il pourroit se promettre de tels moyens.

§. XX.

§. XX. 5°. Ajoûtons encore, que de tels moyens ne sçauroient toujours être regardés comme une chose entiérement innocente par rapport à celui qui les met en usage : l'état d'hostilité qui dispense du commerce des bons offices, & qui autorise à nuire, ne rompt pas pour cela tout lien d'humanité, & n'empêche point qu'on ne doive, autant qu'on le peut, éviter de donner lieu à quelque mauvaise action de l'ennemi ou de quelqu'un des siens, sur-tout de ceux qui par eux mêmes n'ont eu aucune part à ce qui fait le sujet de la guerre : or tout traître commet sans contredit une action également honteuse & criminelle.

§. XXI. 6°. Il faut donc dire avec GROTIUS, qu'on ne peut jamais en conscience séduire ou solliciter à la trahison les sujets de l'ennemi, puisque c'est les porter positivement & directement à commettre un crime abominable, & auquel sans cela ils n'auroient peut-être jamais pensé d'eux-mêmes.

§. XXII. 7°. Autre chose est quand on ne fait que profiter de l'occasion & des dispositions que l'on voit dans une personne qui n'a pas eu besoin d'être sollicitée à la trahison ; or il me semble que la tache de la perfidie ne tombe pas sur celui qui la trouve toute formée dans le cœur du traître, sur tout si l'on considére que d'ennemi à ennemi, la chose à l'égard de laquelle on met à profit les mauvaises dispositions d'autrui, est de telle nature qu'on peut la faire innocemment & légitimement soi-même.

§. XXIII. 8°. Mais quoi qu'il en soit, par les raisons que l'on a alléguées ci-dessus, on ne peut guères se prévaloir d'une trahison qui s'offre, que dans un cas extraordinaire, & dans une espéce de nécessité ; & quoique l'usage de plusieurs Nations n'ait rien d'obligatoire par lui-même, cependant dès-là que les peuples avec qui on a quelque chose à démêler, regardent comme illicite l'acceptation même des offres d'une certaine espéce de perfidie, comme celle d'assassiner son Prince ou son Général ; on est raisonnablement censé s'y soumettre tacitement.

§. XXIV. 9°. Remarquons que le droit des gens met ici quelque différence entre un ennemi véritablement tel, & un rebelle, un chef de brigands ou de Corsaires : les Princes les plus pieux ne font point de difficulté de proposer de grandes récompenses à ceux qui voudront établ. de telles personnes, & la haine que méritent de la part de tous les hommes ces sortes de gens, fait qu'on ne trouve pas mauvais qu'un Prince mette en usage contre eux toutes sortes de voies.

§. XXV. Enfin, il est permis de tuer l'ennemi par-tout où il se trouve, excepté sur les terres d'un peuple neutre; car les voies de fait ne sont pas permises dans une société civile, où l'on doit implorer le secours du Souverain. Dans le tems de la seconde guerre Punique, sept galères des Carthaginois étant dans un port de la domination de Syphax, alors Prince neutre entre les Romains & les Carthaginois, Scipion tira vers ce même port avec deux galères seulement, que les Carthaginois auroient pu aisément défaire, avant qu'elles entrassent dans le port, & ils s'y disposoient effectivement; mais un coup de vent ayant jetté les deux galères Romaines dans le port, sans donner le tems aux Carthaginois de lever l'ancre, ils n'osérent plus remuer, parce qu'ils étoient en pays neutre.

§. XXVI. Il est naturel de dire ici

quelque chose des prisonniers de guerre. C'étoit un usage presque universellement établi autrefois, que tous ceux qui étoient pris dans une guerre juste & solennelle, soit qu'ils se fussent rendus eux-mêmes, ou qu'ils eussent été pris de vive force, devenoient esclaves, du moment qu'ils étoient conduits dans quelque lieu de la dépendance du vainqueur, ou dont il étoit le maître ; & cela s'étendoit à tous ceux qui étoient pris, même à ceux qui se trouvoient malheureusement sur les terres de l'ennemi dans le tems que la guerre s'étoit élevée tout d'un coup.

§. XXVII. Bien plus, non seulement ceux qui étoient faits prisonniers de guerre, mais encore leurs descendans à perpétuité, étoient réduits à la même condition ; c'est-à-dire, ceux qui naissoient d'une mere esclave.

§. XXVIII. Les effets d'un tel esclavage n'avoient point de bornes ; tout étoit permis à un maître à l'égard de son esclave, il avoit sur lui droit de vie & de mort, & tout ce que l'esclave possédoit ou pouvoit acquerir dans la suite, appartenoit de droit au maître.

§. XXIX. Il y a quelque apparence

que le but & la raison pour laquelle les Nations avoient établi cet usage de faire des esclaves dans la guerre, étoit principalement de porter les hommes à s'abstenir du carnage, par l'espérance des avantages qu'on retiroit de la possession des esclaves; aussi les Historiens remarquent-ils, que les guerres civiles étoient beaucoup plus cruelles que les autres, en ce que le plus souvent on tuoit les prisonniers, parce qu'on n'en pouvoit pas faire des esclaves.

§. XXX. Tous les Chrétiens généralement ont trouvé à propos d'abolir entre eux l'usage de rendre esclaves les prisonniers de guerre: on se contente aujourd'hui de garder les prisonniers, jusqu'à ce qu'on ait payé leur rançon, dont l'estimation dépend du vainqueur, à moins qu'il n'y ait quelque convention qui la fixe. Voilà ce qu'il y a de plus essentiel à remarquer touchant les droits que donne la guerre sur les personnes des ennemis.

CHAPITRE VII.

Des Droits que donne la Guerre sur les Biens des Ennemis.

§. I. A L'égard des biens de l'ennemi, il est incontestable que l'état de guerre permet de les lui enlever, de les ravager, de les endommager, & même de les détruire entiérement. Car comme le remarque fort bien CICERON, il n'est du tout point contraire à la nature de dépouiller de son bien une personne à qui l'on peut ôter la vie avec justice, & toutes ces sortes de maux que l'on peut causer à l'ennemi en ravageant ainsi ses terres & ses biens, c'est ce qu'on appelle *le Dégat*.

§. II. Ce droit de dégat s'étend en général sur toutes les choses qui appartiennent à l'ennemi; & le droit des gens, proprement ainsi nommé, n'en excepte pas même les choses sacrées, c'est-à-dire, celles qui sont consacrées au vrai Dieu, ou aux fausses Divinités, dont les hommes font l'objet de leur culte religieux.

§. III. Il est vrai qu'à cet égard les mœurs & les coûtumes des Nations ne s'accordent pas parfaitement ; les unes s'étant permis le dégât des choses sacrées & religieuses, & les autres l'ayant envisagé comme une profanation criminelle : mais quels que puissent être l'usage & les mœurs des Nations, c'est ce qui ne sçauroit jamais faire la régle primitive du droit ; c'est pourquoi pour s'assurer du droit que donne la guerre à cet égard, il faut recourir aux principes du droit de la nature & des gens.

§. IV. Je remarque donc que les choses sacrées ne sont pas dans le fond d'une nature différente des autres choses, que l'on appelle profanes : elles ne différent de celles-ci, que par la destination que les hommes en ont faite pour servir au culte de la Religion : mais cette destination ne donne pas aux choses la qualité de saintes & de sacrées, comme un caractère intrinséque & ineffaçable, dont personne ne puisse les dépouiller.

§. V. Ces choses ainsi consacrées, appartiennent toujours au Public ou au Souverain, & rien n'empêche que le Souverain qui les a destinées au culte religieux, ne changé dans la suite cette destination & ne les applique à d'autres usages ; car elles sont de son domaine, ainsi que toutes les autres choses publiques.

§. VI. C'est donc une superstition grossière que de croire que par la consécration ou destination de ces choses au service de Dieu, elles changent, pour ainsi dire, de maître, & qu'elles n'appartiennent pas aux hommes ; qu'elles soient tout-à-fait & absolument soustraites du commerce, & que la propriété en passe des hommes à Dieu : superstition dangereuse qui doit son origine à l'esprit ambitieux des Ministres de la Religion.

§. VII. Il faut donc considérer les choses sacrées, comme des choses publiques qui appartiennent à l'Etat ou au Souverain. Toute la liberté que donne le droit de la guerre sur les choses qui appartiennent à l'Etat, elle la donne aussi par rapport aux choses sacrées : elles peuvent donc être endommagées ou détruites par l'ennemi, du moins autant que le demande le but légitime de la guerre ; mais cette modification, cette limitation que nous mettons au dégât des choses sacrées ou religieuses ne leur est pas particulière.

§. VIII. En général, il est évident qu'il n'est pas permis de faire le degât pour le dégât même ; mais qu'il n'est juste & innocent que lorsqu'il peut avoir quelque rapport à la fin de la guerre, c'est-à-dire, lorsqu'il nous en revient à nous-mêmes quelque avantage direct en nous appropriant le bien des ennemis, ou que du moins en les ravageant & les détruisant, nous l'affoiblissons en quelque manière. Ce seroit une fureur également insensée & criminelle que de faire du mal à autrui, sans qu'il nous en revînt à nous-mêmes aucun bien ni directement ni indirectement : il n'arrive guéres, par exemple, qu'il soit nécessaire après la prise d'une ville de ruiner les temples, les statues ou les autres bâtimens publics ou particuliers : il faut donc pour l'ordinaire les épargner aussi-bien que les tombeaux & les sépulchres.

§. IX. Disons même que par rapport aux choses sacrées, ceux qui croient qu'elles renferment quelque chose de divin & d'inviolable, font mal, à la vérité, d'y toucher en aucune manière : mais c'est seulement parce qu'ils agissent contre leur propre conscience. Enfin on peut remarquer encore une autre raiſon qui pouvoit juſtifier les Payens du reproche de ſacrilége, lors même qu'ils pilloient les temples des Dieux qu'ils reconnoiſſoient pour tels : c'eſt qu'ils s'imaginoient que lorſqu'une ville venoit à être priſe, les Dieux qu'on y adore abandonnoient en même tems leurs Temples & leurs Autels, ſur tout après qu'ils les avoient *évoqués*, eux & toutes les choſes ſacrées, avec certaines cérémonies : c'eſt ce qu'a fort bien développé feu M. COCCEIUS dans ſa diſſertation *de evocatione Sacrorum.*

§. X. Ajoûtons enfin ſur cette matière, les ſages réfléxions que fait GROTIUS pour engager les Généraux d'armées à garder à l'égard du dégât, une juſte modération par le fruit qui peut leur en revenir à eux-mêmes : & premièrement, dit-il, « on ôtera » par-là à l'ennemi une des plus puiſſantes » armes, je veux dire, le deſeſpoir. De » plus, en uſant de la modération dont il » s'agit, on donne lieu de croire que l'on » a grande eſpérance de remporter la vic» toire, & la clémence par elle-même eſt » très-propre à dompter & à gagner les » eſprits : c'eſt ce que l'on pourroit prou» ver par pluſieurs faits conſidérables.

§. XI. Outre le pouvoir que donne la guerre de gâter & de détruire les biens de l'ennemi, elle donne encore le droit d'acquérir, de s'approprier & de retenir en conscience les choses que l'on a prises sur l'ennemi, jusqu'à la concurrence de la somme qui nous est dûe, y compris les frais de la guerre à laquelle l'ennemi nous a engagés pour n'avoir pas voulu nous satisfaire, & même ce que l'on juge à propos de garder comme une sureté pour l'avenir.

§. XII. Selon les régles du droit des gens, non seulement ceux qui ont pris les armes pour un juste sujet, mais encore tous ceux qui font la guerre, acquièrent la propriété de ce qu'ils prennent à l'ennemi, & cela sans régle ni mesure, du moins quant aux effets extérieurs dont le droit de propriété est accompagné: c'est-à-dire, que les Nations neutres doivent regarder les deux parties qui sont en guerre, comme propriétaires légitimes de ce qu'ils peuvent acquérir l'un sur l'autre par la force des armes. L'état même de neutralité ne leur permettant pas de prendre parti, & de traiter l'un ou l'autre de ceux qui sont en guerre comme un usurpateur, selon les principes que nous avons établis ci-dessus.

§. XIII. Cela est vrai généralement, tant à l'égard des choses mobiliaires que des immeubles, pendant qu'elles sont entre les mains de celui qui les a acquises par droit de guerre ; mais si des mains du vainqueur elles sont déja passées entre les mains d'un tiers, rien n'empêche, si ce sont des immeubles, que celui sur lequel elles ont été prises ne tâche de les revendiquer sur ce tiers qui les tient de son ennemi à quelque titre que ce soit ; car il a autant de droit contre le nouveau possesseur, que contre son ennemi même.

§. XIV. J'ai dit ; *si ce sont des immeubles* : car pour ce qui est des choses mobiliaires, comme elles peuvent passer aisément par le commerce entre les mains des sujets d'un Etat neutre, sans que ceux qui les acquièrent sçachent souvent que ce sont des choses prises à la guerre, la tranquillité des peuples, le bien du commerce & l'état même de neutralité, demandent qu'elles soient toujours réputées de bonne prise, & appartenir de plein droit à celui de qui on les tient ; mais il n'en est pas de même des immeubles, ils sont immobiles de leur nature, & ceux à qui un Etat qui les a pris sur son ennemi, veut les céder, ne peuvent pas ignorer la manière dont il les possède.

§. XV. On demande quand est-ce que les choses prises par droit de guerre, sont censées véritablement prises & appartenir à celui qui s'en est mis en possession? GROTIUS répond en Jurisconsulte, qu'on est censé avoir pris par droit de guerre les choses mobiliaires, du moment qu'elles sont à couvert de la poursuite de l'ennemi, ou qu'on s'en est rendu maître de telle manière, que l'ennemi à qui on les a enlevées doive vraisemblablement avoir perdu l'espérance de les recouvrer. C'est ainsi, dit-il, que les vaisseaux & les autres choses dont l'on s'empare sur mer, ne sont censées prises que lorsqu'on les a amenées dans quelque port ou quelque havre de notre dépendance, ou bien dans l'endroit de la mer où se tient une flotte entière que l'on y a envoyée; car ce n'est qu'alors que l'ennemi commence à desespérer de les recouvrer.

§. XVI. Mais, pour moi, il me semble que cette manière de répondre à la question est tout-à-fait arbitraire, & qu'elle n'a aucun fondement naturel. Je ne vois pas pourquoi les prises qu'une des parties a faites sur l'autre, ne lui appartiennent pas du moment même qu'il les a faites; car enfin, un ennemi se trouve dans toutes les circonstances nécessaires pour acquérir la propriété dans le moment même de la capture; il a l'intention d'acquerir une cause ou un titre d'acquisition juste, sçavoir, le droit de la guerre, & il possède actuellement la chose; & si le principe que suppose GROTIUS avoit lieu & que les choses prises sur l'ennemi ne fussent censées bien prises, que lorsqu'elles sont transportées en lieu de sureté, il s'ensuivroit que le butin qu'une petite troupe de soldats auroit fait sur l'ennemi, pourroit lui être enlevé par une troupe plus forte du même parti, comme appartenant encore à l'ennemi sur qui il a été fait, supposé que cette seconde troupe attaquât la première avant que celle-ci eût transporté son butin en lieu de sureté.

§. XVII. Cette dernière circonstance est donc tout-à-fait indifférente à la question dont il s'agit: la difficulté plus ou moins grande que peut rencontrer l'ennemi dépouillé à recouvrer ce qu'on lui a enlevé, n'empêche point que ce qui a été pris n'appartienne actuellement au vainqueur. Tout ennemi comme tel & tant qu'il demeure tel, conserve toujours la volonté de recouvrer ce que l'autre lui a pris : l'impuissance où il se trouve pour l'heure ne fait que le réduire à la nécessité d'attendre un temps plus favorable, qu'il cherche & qu'il souhaite toujours. Ainsi par rapport à lui, la chose ne doit pas être plus censée prise lorsqu'elle est en lieu de sureté, que quand il est encore en état de la poursuivre. Tout ce qu'il y a, c'est que dans ce dernier cas la possession du vainqueur n'est pas aussi assurée que dans le premier ; & la vérité est que cette distinction n'a été inventée que pour établir les régles du droit de *Postliminie*, ou la maniére dont les sujets de l'État à qui l'on a pris quelque chose dans la guerre, rentrent dans leurs droits, plutôt que pour déterminer le tems de l'acquisition des choses prises d'ennemi à ennemi.

§. XVIII. Voilà ce qu'il me semble que le droit naturel décide sur cette question. GROTIUS remarque encore, que par l'usage établi de son tems entre les peuples de l'Europe, il suffit que ces choses ayant été vingt-quatre heures au pouvoir de celui qui les a prises sur l'ennemi, pour qu'elles soient censées lui appartenir. M. DE THOU dans son histoire sur l'année 1595, nous donne un exemple que cela se pratiquoit ainsi sur terre. La ville de Liere en Brabant, ayant été prise & reprise dans le même jour, le butin fait sur les habitans leur fut rendu, parce qu'il n'avoit pas été vingt-quatre heures entre les mains des ennemis. Mais cette régle fut changée ensuite par rapport aux Provinces-unies; & en général on peut remarquer que chaque Souverain peut établir là-dessus telle régle qu'il juge à propos, & faire à ce sujet des concordats avec les autres Souverains : il y en a eu plusieurs faits à différens tems, entre les Hollandois & les Espagnols, les Portugais & les Etats du Nord.

§. XIX. GROTIUS applique aussi ces principes aux terres : elles ne sont pas censées prises du moment qu'on les occupe; mais il faut pour cela qu'elles soient environnées de fortifications durables, ensorte que l'ennemi ne puisse y entrer ouvertement qu'en forçant ces retranchemens. Mais on peut appliquer à ce cas-ci les réflexions

réflexions que nous avons faites ci-dessus. Un Terrein appartient à l'ennemi dès qu'il en est le maître, & aussi long-tems qu'il en demeure en possession, le plus ou le moins de précautions qu'il peut prendre pour s'en assurer ne fait rien à cela.

§. XX. Mais quoi qu'il en soit, il faut bien remarquer ici que pendant tout le tems de la guerre, le droit qu'on acquiert sur les choses dont on a dépouillé l'ennemi, n'est valable que part rapport à un tiers neutre; car l'ennemi lui-même peut reprendre ce qu'il a perdu toutes les fois qu'il en trouve le moyen, jusqu'à ce que par un traité de paix, il ait renoncé à toutes ses prétentions.

§. XXI. Il est certain encore, que pour pouvoir s'approprier une chose par droit de guerre, il faut qu'elle appartienne à l'ennemi; car celles qui appartiennent à des gens qui ne sont ni ses sujets, ni animés du même esprit que lui contre nous, ne sçauroient être prises par droit de guerre, encore même qu'elles se trouvent sur les terres de l'ennemi; mais si des étrangers neutres fournissoient à notre ennemi quelque chose, & cela à dessein de le mettre en état de nous nuire, ils peuvent alors être regardés comme étant du parti de notre ennemi, & par conséquent leurs effets sont sujets à être pris par droit de guerre.

§. XXII. Il faut pourtant remarquer à ce sujet que dans le doute, la présomption est toujours, que ce que l'on trouve en pays ennemi ou dans un de ses vaisseaux, est censé lui appartenir ; car outre que cette présomption est très-naturelle, si la maxime contraire avoit lieu, elle fourniroit l'occasion à une infinité de fraudes ; mais cette présomption, quelque raisonnable qu'elle soit en elle-même, peut être détruite par des preuves contraires.

§. XXIII. Les vaisseaux appartenans à des amis ne sont pas non plus de bonne prise, à cause de quelques effets des ennemis qui s'y trouvent, à moins qu'ils n'y ayent été mis par le consentement du maître du vaisseau, qui par là semble violer la neutralité ou l'amitié, & nous donner un juste droit de le traiter comme ennemi.

§. XXIV. Mais il faut en général remarquer sur toutes ces questions, qu'il est de la prudence & de la sagesse des Souverains de s'entendre entr'eux sur ces différens cas par des concordats précis, afin d'éviter les disputes qui en peuvent naître.

§. XXV. Remarquons encore que c'est une conséquence des principes que nous venons d'établir, que quand on a pris sur l'ennemi des choses dont il avoit dépouillé lui-même quelqu'autre par droit de guerre, l'ancien possesseur qui les a ainsi perdues ne peut point les réclamer entre nos mains.

§. XXVI. Une autre question que l'on fait ici, c'est de sçavoir, si les choses prises dans une guerre publique & solemnelle, appartiennent à l'Etat ou aux particuliers qui en sont membres, ou à ceux qui en ont fait eux-mêmes le butin? Je réponds, que comme c'est au Souverain seul qu'appartient le droit de faire la guerre, & que c'est toujours par son autorité qu'elle se fait, c'est aussi à lui qu'est acquis originairement & premièrement tout le butin, qui que ce soit qui le fasse.

§. XXVII. Cependant, comme il n'y a point de citoyen à qui la guerre ne soit onéreuse, il est de l'équité & de l'humanité du Souverain de faire ensorte que chacun se ressente des avantages qui en peuvent revenir: pour cet effet, ou l'on peut donner à ceux que l'on fait marcher en campagne, une paye de deniers publics, ou partager entr'eux le butin : pour ce qui est des troupes étrangères, le Souverain n'est tenu que de leur payer exactement leur solde; ce qui est au delà est pure libéralité.

§. XXVIII. GROTIUS qui examine fort au long cette question, distingue les actes d'hostilité véritablement publics, & les actes particuliers d'hostilité faits d'autorité privée à l'occasion d'une geurre publique. Par les derniers, selon lui, les particuliers acquièrent pour eux-mêmes premièrement & directement, ce qu'ils prennent sur l'ennemi; au lieu que par les premiers tout ce que l'on prend est au profit du Peuple ou du Souverain. Mais on a eu raison de critiquer cette décision; toute guerre publique se faisant par autorité du peuple ou du chef du peuple, c'est de lui aussi que vient originairement tout le droit que des particuliers peuvent avoir sur les choses prises à l'ennemi : il faut toujours ici un consentement ou exprès ou tacite du Souverain.

§. XXIX. Remarquons encore sur cette question, que GROTIUS en la traitant a confondu deux choses différentes. La première dont il s'agit, ne se rapporte point au droit des gens proprement ainsi nommé; car de quelque manière qu'on entende ce droit, & sur quoi qu'on le fonde, il doit regarder les affaires que les peuples ont à démêler ensemble; or que le butin appartienne au Souverain qui fait la guerre, ou aux Généraux d'armées, ou aux soldats, ou à toute autre personne qui a pris quelque chose sur l'ennemi, cela ne fait rien, ni à l'ennemi même ni aux autres peuples. Si ce qui est pris est de bonne prise, il importe fort peu à l'ennemi entre les mains de qui il demeure. Pour ce qui est des peuples neutres, il suffit que ceux d'entr'eux qui ont acheté ou acquis de quelque autre manière une chose mobiliaire acquise à la guerre, ne puissent point être inquiétés ou recherchés là-dessus. La vérité est que les réglemens & les usages qu'il y a sur ce sujet, ne sont point de droit public, & leur conformité, dans plusieurs pays, n'emporte autre chose qu'un droit civil commun à plusieurs peuples séparément.

§. XXV. Pour ce qui regarde en particulier l'acquisition des *choses incorporelles* par droit de guerre, il faut remarquer qu'on n'en devient maître que quand on est en possession du sujet même auquel elles sont attachées ; or elles accompagnent ou les choses ou les personnes. On attache souvent, par exemple, aux fonds de terres, aux rivières, aux ports, aux villes, certains droits qui les suivent toujours à quelques possesseurs qu'elles parviennent, ou plutôt ceux qui les possèdent, ont par cela seul certains droits sur d'autres choses ou sur d'autres personnes.

§. XXXI. Les droits qui conviennent directement & immédiatement à une personne, regardent ou d'autres personnes ou seulement certaines choses : ceux qu'une personne a sur une autre personne, ne s'acquièrent que par le consentement de celle-ci, qui est censée n'avoir voulu donner pouvoir sur elle qu'à une certaine personne déterminée & non à une autre ; ainsi lorsqu'on a pris le Roi du peuple avec qui on est en guerre, on n'est pas pour cela seul maître de son Royaume.

§. XXXII. Mais à l'égard des droits personnels sur les choses, il ne suffit pas de s'être saisi de la personne de l'ennemi pour avoir acquis tous ses biens, à moins qu'on ne s'empare en effet de ces biens mêmes dans l'occasion. On peut voir là-dessus l'exemple que donne GROTIUS & PUFFENDORF, de la donation que fit ALEXANDRE LE GRAND aux Thessaliens, après avoir détruit la ville de Thébes, d'un contrat par lequel les Thessaliens reconnoissent devoir aux Thébains cent talens.

§. XXXIII. Tels sont les droits que donne la guerre sur les biens de l'ennemi. Au reste, GROTIUS prétend que le droit en vertu duquel on acquiert les choses prises sur l'ennemi, est tellement propre & particulier aux guerres publiques faites dans les formes, qu'il n'a aucun lieu dans les autres, comme dans les guerres civiles, &c. & qu'en particulier dans les guerres civiles, il ne fait aucun changement de maître qu'en vertu de la sentence d'un Juge.

§. XXXIV. Mais on peut remarquer là-dessus, que dans la plûpart des guerres civiles on ne reconnoît point de Juge commun. Si l'Etat est monarchique, la dispute roule ou sur la succession à la Couronne, ou sur ce qu'une partie de l'Etat prétend que le Roi a abusé de son pouvoir d'une manière qui autorise les sujets à prendre les armes contre lui.

§. XXXV. Au premier cas, la nature même du sujet pour lequel on en est venu à la guerre, fait que les deux parties forment alors comme deux corps distincts, jusqu'à ce qu'ils viennent à convenir d'un chef par quelque traité ; ainsi, par rapport aux deux partis qui étoient en guerre, c'est d'un tel traité que dépend le droit que l'on peut avoir sur ce qui a été pris de part & d'autre, & rien n'empêche que la chose ne soit laissée sur le même pied, & de la même manière qu'elle a lieu dans les guerres publiques, entre deux Etats toujours distincts.

§. XXXVI. Pour les autres peuples qui n'avoient point été mêlés dans la guerre, ils ne sont plus autorisés à examiner la validité des acquisitions, que lorsqu'il s'agit d'une guerre faite entre deux Etats.

§. XXXVII. L'autre cas, je veux dire le soulèvement d'une partie considérable de l'Etat contre le Prince régnant, ne peut guères arriver que quand un Roi y a donné lieu par sa tyrannie ou par la violation des loix fondamentales ; ainsi le Gouvernement est alors dissous, & le corps se trouve actuellement divisé en deux corps distincts & indépendans, de sorte qu'il faut en juger de même que du premier.

§. XXXVIII. A plus forte raison, cela a-t-il lieu dans les guerres civiles d'un Etat républicain, où la guerre détruit d'abord par elle-même la Souveraineté, qui ne subsiste que par l'union du corps.

§. XXXIX. GROTIUS semble avoir pris ses idées là-dessus de l'ancien droit Romain; mais le droit Romain vouloit que les prisonniers faits dans une guerre civile ne pussent point être réduits à l'esclavage. C'est, comme le remarque le Jurisconsulte ULPIEN, (1) parce que l'on regardoit la guerre civile comme n'étant pas proprement une guerre, mais une *Dissension civile*; car une véritable guerre se fait entre ceux qui sont ennemis & animés d'un esprit ennemi, qui les porte à chercher la ruine de l'Etat l'un de l'autre; au lieu que dans une guerre civile, quelque nuisible qu'elle soit le plus souvent à l'Etat, l'un veut se sauver d'une manière & l'autre d'une autre; ainsi ils ne sont point ennemis, chacun des deux

(1) *L. 21. §. 1. ff. de Capt. & revers.*

partis demeure toujours citoyen de l'Etat ainsi divisé.

§. XL. Mais tout cela est une pure supposition, ou une *fiction de Droit*, qui n'empêche pas que tout ce que nous avons dit ne soit vrai, & n'ait lieu le plus souvent; & si parmi les Romains on ne pouvoit s'approprier comme véritablement esclaves, les prisonniers faits dans une guerre civile, c'étoit en vertu d'une loi particulière reçue parmi eux, & non pas à cause du défaut des conditions ou des formalités que demande, selon GROTIUS, une guerre publique & solemnelle selon le droit des gens.

§. XLI. Enfin, pour ce qui est des guerres des brigands & des corsaires, si elles ne sont pas suivies des effets dont nous avons parlé, si elles ne donnent pas à ces corsaires le droit de s'approprier ce qu'ils ont pris, c'est parce que ce sont des voleurs, des ennemis du genre humain, & par conséquent des gens dont tous les actes d'hostilité sont manifestement injustes, ce qui autorise toutes les Nations à les traiter en ennemis; au lieu que dans les autres sortes de guerres, il est souvent assez difficile de juger de quel côté est le bon droit, de sorte que la chose demeure & doit demeurer indécise par rapport à ceux qui n'ont pris aucun parti.

CHAPITRE VIII.

Du Droit de Souveraineté que l'on acquiert sur les vaincus.

§. I. OUTRE tous les effets de la guerre dont nous avons parlé jusqu'ici, il y en a encore un qui est le plus considérable, & dont il nous reste à traiter; je veux dire le droit de Souveraineté que l'on acquiert sur les vaincus. Nous avons dejà fait cette remarque ci-devant, en expliquant les différentes manières dont on peut acquerir la Souveraineté, c'est qu'en général on peut l'acquerir ou d'une manière violente & par droit de conquête, &c.

§. II. Mais il faut bien prendre garde que la guerre ou la conquête, considérée en elle-même, n'est pas proprement la cause de cette acquisition, elle n'est pas la source ou l'origine immédiate de la

Souveraineté, c'est toujours le consentement du peuple, ou exprès, ou tacite; sans ce consentement l'état de guerre subsiste toujours, & on ne sçauroit concevoir comment on pourroit être dans l'obligation d'obéir à celui à qui on n'a rien promis : la guerre n'est donc à proprement parler, que l'occasion de l'acquisition de la Souveraineté, & les vaincus aiment mieux se soumettre au vainqueur, que s'exposer à une entière destruction.

§. III. D'ailleurs l'acquisition de la Souveraineté par droit de conquête, ne peut, à parler à la rigueur, passer pour légitime, à moins que la guerre ne soit juste en elle-même, & que le but légitime que l'on se propose, n'autorise le vainqueur à pousser les actes d'hostilités jusqu'à acquerir la Souveraineté sur les vaincus; c'est-à-dire qu'il faut que notre ennemi n'ait pas d'autre moyen de s'acquitter envers nous de ce qu'il nous doit, de nous dédommager, ou que notre propre sûreté exige que nous le réduisions absolument dans notre dépendance. Dans ces circonstances, il est certain que la résistance d'un ennemi vaincu autorise à pousser les actes d'hostilité contre lui, jusqu'à ce qu'il soit entièrement réduit sous notre puissance, & que l'on peut sans injustice profiter de la supériorité que donne la victoire, pour lui extorquer un consentement qu'il nous devroit donner volontiers & de lui-même.

§. IV. Tels sont les véritables principes sur lesquels est établie l'acquisition de la Souveraineté par droit de conquête, d'où l'on peut conclurre que si l'on jugeoit sur ces fondemens des différentes acquisitions de cette nature, la plûpart ne se trouveroient pas trop bien établies; car il est encore assez rare que les vaincus soient effectivement réduits à cette extrémité, que de ne pouvoir dédommager ou satisfaire aux justes prétentions du vainqueur autrement qu'en se donnant à lui & se soumettant à son empire.

§. V. Disons néanmoins que l'intérêt & la tranquillité des peuples, exigent que l'on s'éloigne un peu de la rigueur des principes que nous venons d'établir; à la vérité si celui qui a contraint l'autre par la supériorité de ses armes à se soumettre à son empire, avoit entrepris une guerre manifestement injuste, ou si le prétexte sur lequel elle est fondée, est un prétexte visiblement frivole au jugement de toute personne tant soit peu raisonnable, j'avoue qu'une Souveraineté acquise dans ces circonstances me paroîtroit visiblement injuste, & je ne vois pas pourquoi le peuple vaincu seroit plus obligé de tenir un pareil traité, qu'un homme qui, après être tombé entre les mains des brigands, seroit tenu de leur aller porter exactement, ou de payer à leur requisition, l'argent qu'il leur auroit promis pour racheter sa vie ou sa liberté.

§. VI. Mais si le vainqueur avoit entrepris la guerre pour quelque sujet apparent, quoique peut-être dans le fond il ne fût pas juste à toute rigueur, l'intérêt commun du genre humain demande que l'on observe exactement les engagemens où l'on est entré envers lui, quoiqu'extorqués par une crainte qui étoit injuste en elle-même, du moins aussi longtems qu'il ne survient pas de nouveau sujet qui puisse valablement exempter de tenir sa promesse: car le droit de nature qui veut que les Sociétés, aussi bien que les Particuliers, travaillent à leur conservation, fait par cela seul regarder, non pas comme proprement justes les actes d'hostilité de la part d'un vainqueur injuste, mais l'engagement d'un traité exprès ou tacite, comme ne laissant pas que d'être néanmoins valide; ensorte que le vaincu ne peut se dispenser de le tenir, sous prétexte de la crainte injuste qui en est la cause, comme il le pourroit d'ailleurs, sans la considération de l'avantage qui en revient au genre humain.

§. VII. Ces considérations deviennent encore plus fortes, si l'on suppose que le vainqueur ou les siens jouissent paisiblement de la Souveraineté qu'il a acquise par droit de conquête, & que d'ailleurs il gouverne les peuples vaincus comme un vainqueur humain & généreux. Dans ces circonstances une longue possession, accompagnée d'un gouvernement équitable, peut légitimer la conquête la plus injuste dans ses commencemens & dans son principe.

§. VIII. Quelques Jurisconsultes modernes expliquent la chose un peu autrement : ils soutiennent que dans une guerre juste, le vainqueur acquiert sur les vaincus un plein droit de Souveraineté par le droit seul de la victoire, indépendamment d'aucune convention, & cela encore même que le vainqueur ait d'ailleurs obtenu toute la satisfaction, & tout le dédommagement qu'il pouvoit desirer.

§. IX. La principale raison dont ces Docteurs se servent pour prouver leur sentiment, c'est que sans cela le vainqueur ne pourroit pas être assuré de posséder surement & paisiblement ce qu'il a pris, ou qu'il a forcé l'ennemi de lui donner pour ses justes prétentions, puisque les vaincus pourroient le reprendre par le même droit de guerre.

§. X. Mais cette raison prouve seulement que le vainqueur qui s'est emparé du pays de l'ennemi, peut y commander pendant qu'il le tient, & ne s'en désaisir que quand il a pardevers lui de bonnes suretés, qu'il obtiendra ou qu'il possédera sans crainte, ce qui est nécessaire pour la satisfaction & pour les dédommagemens qu'il a droit d'exiger par les voies de la force; mais le but d'une guerre juste ne demande pas toujours par lui-même, qu'on acquière sur les vaincus & en vertu de la victoire un droit de Souveraineté absolue & perpétuelle; c'est seulement une occasion favorable de l'acquerir, & il faut toujours pour cela

cela un consentement, ou exprès ou tacite des vaincus : autrement, l'état de guerre subsistant encore, la Souveraineté du vainqueur n'a d'autre titre que la force, & ne dure qu'aussi long-temps que les peuples conquis sont dans l'impuissance de secouer le joug.

§. XI. Tout ce qu'il y a, c'est que les Puissances neutres, par cela même qu'elles le sont, peuvent & doivent regarder le conquérant comme légitime possesseur de la Souveraineté, quand même elles croiroient la guerre injuste de sa part.

§. XII. La Souveraineté ainsi acquise par droit de guerre ou de conquête, est pour l'ordinaire une Souveraineté absolue; mais quelquefois aussi les vaincus stipulent du vainqueur, des conditions qui mettent quelques limites à la Souveraineté qu'il acquiert sur eux. Quoi qu'il en soit, il est certain que la conquête n'autorise jamais à gouverner tyranniquement les peuples conquis, puisque, comme nous l'avons vu ci-devant, la Souveraineté la plus absolue ne donne aucun droit de maltraiter ceux qui se sont rendus; & la nature même de la chose, & les loix naturelles conspirent également à mettre le vainqueur dans l'obligation de gouverner ceux qu'il a subjugués, avec modération & d'une manière équitable.

§. XIII. Il y a donc divers ménagemens, dont on doit user dans l'exercice de l'empire que l'on acquiert sur les vaincus : telle étoit, par exemple, cette sage modération des anciens Romains qui confondoient, pour ainsi dire, les vaincus avec les vainqueurs, en se hâtant de les incorporer avec eux, & de leur faire part de leur liberté & de leurs avantages. Politique doublement salutaire, qui en même tems qu'elle rendoit plus douce la condition des vaincus, affermissoit considérablement la domination & l'empire des Romains : *Quel empire aurions-nous aujord'hui*, disoit SENEQUE, *si les vaincus n'eussent été mêlés avec les vainqueurs par l'effet d'une sage politique ? Romulus notre fondateur fut bien sage à l'égard de la plupart des Peuples qu'il subjugua, de faire dans un même jour des citoyens de ses ennemis.*

§. XIV. Une autre modération dans la victoire, consiste à laisser aux Rois ou aux Peuples vaincus la Souveraineté dont ils jouissoient, & à ne point changer la forme de leur Gouvernement : rien ne peut mieux assurer au vainqueur sa conquête; l'Histoire ancienne, & sur-tout celle des Romains, nous en fournit plusieurs exemples.

§. XV. Mais si le vainqueur ne peut pas, sans danger pour lui-même, accorder toutes ces douceurs aux vaincus, on peut prendre alors différens tempéramens, comme de laisser aux vaincus ou à leurs Rois, quelque partie de la Souveraineté. Lors même que l'on dépouille entiérement les vaincus de leur Souveraineté, on peut encore leur laisser, pour ce qui regarde leurs affaires particulières & les publiques de peu d'importance, leurs Loix, leurs Coûtumes & leurs Magistrats.

§. XVI. Il faut sur-tout ne point ôter aux vaincus l'exercice libre de leur Religion, à moins qu'ils ne vinssent à être persuadés de la vérité de celle dont le vainqueur fait profession : non seulement cette complaisance est par elle-même très-agréable aux vaincus, mais le vainqueur est absolument obligé de l'avoir pour eux; il ne sçauroit les violenter à cet égard sans tyrannie. Ce n'est pas que le vainqueur ne doive tâcher d'amener les peuples vaincus à la vraie Religion; mais il ne doit employer pour cela que des moyens proportionnés à la nature de la chose, & au but qu'il a en vûe, & qui n'ayent en eux-mêmes rien de violent & de contraire à l'humanité.

§. XVII. Remarquons enfin, que ce n'est pas seulement l'humanité qui veut que l'on observe tout ce que nous venons de dire à l'égard des peuples que l'on a subjugués ; mais encore la prudence & l'intérêt même du vainqueur le demandent ainsi ; c'est une maxime importante de la politique, qu'il est plus difficile de garder les Provinces que de les conquérir. Les conquêtes ne demandent que la force, mais il n'y a que la justice qui les conserve. Voilà ce qu'il y avoit de principal à remarquer sur les différens effets de la guerre, & sur les questions les plus essentielles qui y ont rapport ; mais comme nous avons eu déja occasion de parler ci-devant de la neutralité, il ne sera pas hors de propos d'en dire ici quelque chose de plus précis.

De la Neutralité.

§. I. Il y a une *Neutralité générale*, & une *Neutralité particulière*. La neutralité générale, c'est lorsque sans être allié d'aucun des deux ennemis qui sont en guerre, on est tout disposé à rendre également à l'un & à l'autre les devoirs auxquels chaque peuple est naturellement tenu envers les autres.

§. II. La neutralité particulière, c'est lorsqu'on s'est particulièrement engagé à être neutre par quelque convention ou expresse ou tacite.

§. III. La dernière sorte de neutralité est ou pleine & entière, lorsque l'on agit également à tous égards envers l'une & l'autre partie; ou limitée, ensorte que l'on favorise une partie plus que l'autre, à l'égard de certaines choses ou de certaines actions.

§. IV. On ne sçauroit légitimement contraindre personne à entrer dans une neutralité particulière; parce qu'il est libre à chacun de faire ou de ne pas faire des traités ou des alliances; ou qu'on ne peut du moins y être tenu qu'en vertu d'une obligation imparfaite; mais celui qui a entrepris une guerre juste, peut obliger les autres peuples à garder exactement la neutralité générale, c'est-à-dire à ne pas favoriser son ennemi plus que lui-même

§. V. Voici donc à quoi se réduisent les devoirs des peuples neutres : ils sont obligés de pratiquer également envers l'un & l'autre de ceux qui se font la guerre, les loix du droit naturel, tant absolues que conditionnelles, & soit qu'elles imposent une obligation parfaite ou seulement imparfaite.

§. VI. S'ils rendent à l'un d'eux quelque service d'humanité, ils ne doivent pas le refuser à l'autre, à moins qu'il n'y ait quelque raison manifeste qui les engage à faire en faveur de l'un quelque chose que l'autre n'auroit d'ailleurs aucun droit d'exiger.

§. VII. Mais ils ne sont tenus à rendre les services d'humanité à aucune des deux parties, lorsqu'ils s'exposeroient à de grands dangers en les refusant à l'autre qui a autant de droit de les exiger.

§. VIII. Ils ne doivent fournir ni à l'un ni à l'autre les choses qui servent à exercer les actes d'hostilité, à moins qu'ils n'y soient autorisés par quelque engagement particulier ; & pour celles qui ne sont d'aucun usage à la guerre, si on les fournit à l'un, il faut aussi les fournir à l'autre.

§. IX. Ils doivent travailler de tout leur possible à faire ensorte qu'on en vienne à un accommodement que la partie lésée obtienne satisfaction, & que la guerre finisse au plûtôt.

§. X. Que s'ils se sont engagés en particulier à quelque chose, ils doivent l'exécuter ponctuellement.

§. XI. D'autre côté, il faut que ceux qui sont en guerre observent exactement envers les peuples neutres, les loix de la sociabilité, qu'ils n'exercent contre eux aucun acte d'hostilité, & qu'ils ne souffrent pas qu'on les pille ou qu'on ravage leur pays.

§. XII. Ils peuvent pourtant dans une extrême nécessité s'emparer d'une place située en pays neutre, bien entendu qu'aussi-tôt que le péril sera passé, on la rendra à son maître, en lui payant le dommage qu'il en aura reçu.

CHAPITRE IX.

Des Traités publics en général.

§. I. LA matière des traités publics fait une partie considérable du droit des gens, & mérite que l'on en développe les principes & les régles avec quelque exactitude. Nous entendons ici par les traités publics, les conventions qui ne peuvent être faites qu'en vertu d'une autorité publique, ou que les Souverains considérés comme tels font les uns avec les autres, sur des choses qui intéressent directement le bien de l'Etat; c'est ce qui distingue ces conventions, non seulement de celles que les particuliers font entr'eux, mais encore des contrats que les Rois font au sujet de leurs affaires particulières.

§. II. Ce que nous avons remarqué ci-devant sur la nécessité qu'il y avoit d'introduire l'usage des conventions entre les hommes, & les avantages qui leur en reviennent, tout cela trouve son application à l'égard des Nations & des différens Etats : les Nations peuvent, au moyen des traités, s'unir ensemble par une société plus particulière, qui leur assure réciproquement des secours utiles, soit pour les besoins & les commodités de la vie, soit pour pourvoir d'une manière efficace à leur sureté en cas de guerre.

§. III. Cela étant, les Souverains ne sont pas moins obligés que les particuliers, de tenir inviolablement leur parole, & d'être fidéles à leurs engagemens. Le droit des gens fait de cette maxime un devoir indispensable ; car il est aisé de sentir, que sans cela, non seulement les traités publics ne seroient d'aucune utilité aux nations, mais que d'ailleurs leur violation les jetteroit dans un état de défiance & de guerre continuelle, c'est-à-dire, dans l'état le plus fâcheux. L'obligation où sont les Souverains à cet égard, est donc d'autant plus forte, que la violation de ce devoir a des suites plus dangereuses, & qui intéressent le bonheur d'une infinité de particuliers. La sainteté du serment, qui accompagne pour l'ordinaire les traités publics, est encore une nouvelle raison pour engager les Princes à les observer avec la dernière fidélité,

& certainement rien n'est plus honteux pour les Souverains, qui punissent si rigoureusement ceux de leurs sujets qui manquent à leurs engagemens, que de se jouer eux-mêmes des traités & de la bonne foi, & de ne les regarder que comme un moyen de se duper les uns les autres.

La Parole royale doit donc être inviolable & sacrée; mais il y a tout lieu de craindre, que si les Princes ne sont pas plus attentifs là-dessus, bientôt cette expression ne dégénère dans un sens tout opposé, & de la même manière qu'anciennement, † la *Bonne-foi Carthaginoise* se prenoit pour la *Perfidie*.

§. IV. Il faut encore remarquer ici que tous les principes que nous avons établis ci-devant sur la validité ou l'invalidité des conventions en général, conviennent aux traités publics aussi bien qu'aux contrats des particuliers; il faut donc dans les uns comme dans les autres, un consentement sérieux, déclaré convenablement, exempt *d'erreur*, de *dol*, de *violence*.

§. V. Si des Traités faits dans ces cir-

† Punica Fides.

constances, sont obligatoires entre les Etats ou les Souverains qui les ont faits, ils le sont aussi par rapport aux sujets de chaque Prince en particulier, ils sont obligatoires comme conventions entre les Puissances contractantes; mais ils ont force de loi à l'égard des sujets considérés comme tels, & il est bien manifeste que deux Souverains qui font ensemble un traité, imposent par là à leurs sujets l'obligation d'agir d'une manière conforme au traité, & de ne rien faire qui y soit contraire.

§. VI. L'on fait plusieurs distinctions des traités publics. Et 1°. il y en a qui roulent simplement sur des choses ausquelles on étoit déja obligé par le droit naturel, & d'autres par lesquelles on s'engage à quelque chose de plus.

§. VII. Il faut mettre au premier rang tous les traités par lesquels on s'engage purement & simplement à ne point se faire du mal les uns aux autres, & à se rendre au contraire les devoirs de l'humanité. Parmi les peuples civilisés qui font profession de suivre les loix naturelles, ces sortes de traités ne sont pas nécessaires: le seul devoir suffit sans un engagement formel; mais chez les Anciens, ces sortes de traités étoient regardés comme nécessaires, l'opinion commune étant que l'on n'étoit tenu d'observer les loix de l'humanité, qu'envers ses Concitoyens, & que l'on pouvoit regarder & traiter les étrangers sur le pied d'ennemis, à moins que l'on n'eût pris avec eux quelque engagement contraire; c'est de quoi l'on trouve plusieurs preuves dans les Historiens. La profession de brigand ou de pirate n'avoit rien de honteux chez plusieurs nations, & le mot *hostis* dont on se servoit en latin, pour dire un ennemi, ne signifioit au commencement qu'un étranger.

§. VIII. L'on rapporte à la seconde classe tous les traités par lesquels deux Peuples entrent l'un à l'égard de l'autre dans quelque obligation nouvelle, ou plus particulière, comme lorsqu'ils s'engagent formellement à des choses ausquelles ils n'étoient tenus qu'en vertu d'une obligation imparfaite, ou même ausquelles ils n'étoient nullement obligés auparavant.

§. IX. 2°. Les Traités par lesquels on s'engage à quelque chose de plus qu'à ce qui étoit dû en vertu du droit naturel commun à tous les hommes, sont encore de deux sortes, sçavoir, ou *égaux* ou *inégaux*.

3°. Et les uns & les autres se font encore, ou pendant la guerre ou en pleine paix.

§. X. Les traités égaux sont ceux que l'on contracte avec une entière égalité de part & d'autre : c'est-à-dire, dans lesquels non-seulement on promet de part & d'autre des choses égales, ou purement & simplement, ou à proportion des forces de chacun des contractants, mais on s'y engage encore sur le même pied ; ensorte que l'une des parties ne se reconnoît inférieure à l'autre en quoi que ce soit.

§. XI. Ces sortes de traités se font, ou en vue du *Commerce*, ou de la *Guerre*, ou d'autres choses ; à l'égard du commerce, par exemple, en stipulant que les Sujets de part & d'autre seront francs de tous impôts & de tous droits d'entrée & de sortie, ou qu'on n'exigera jamais d'eux davantage que des gens même du pays, &c. Dans les alliances égales qui concernent la guerre, on stipule, par exemple, que chacun fournira à l'autre une égale quantité de troupes, de vaisseaux ou d'autres choses ; & cela ou dans toutes sortes de guerres, tant offensives que défensives, ou dans les défensives seulement, &c. Enfin les alliances d'égalité peuvent encore rouler sur d'autres choses, comme lorsqu'on s'engage à n'avoir point de place forte sur les frontieres l'un de l'autre, à ne point accorder de protection ou donner retraite aux Sujets l'un de l'autre, en cas de crime ou de desobéissance, ou même les faire saisir & à les renvoyer, à ne point donner passage aux ennemis l'un de l'autre.

§. XII. Ce que l'on vient de dire fait assez comprendre ce que c'est que les traités inégaux, dans lesquels ce que l'on promet de part & d'autre n'est pas égal, ou bien qui rendent l'un des alliés inférieur à l'autre. L'inégalité des choses stipulées est tantôt du côté de la Puissance la plus considérable, comme si elle promet du secours à l'autre, sans en stipuler aucun de lui, ou du côté de la Puissance inférieure en dignité, comme lorsqu'elle s'engage à faire en faveur de la Puissance supérieure, plus que celle-ci ne promet de son côté.

§. XIII. Toutes les conditions des alliances inégales ne sont pas de même nature; les unes sont telles, que quoiqu'onéreuses à l'allié inférieur, elles laissent pourtant la Souveraineté dans son entier; d'autres, au contraire, donnent quelque atteinte à l'indépendance & à la souveraineté de l'allié inférieur, & la diminuent en quelque chose.

Ainsi dans le traité des Romains avec les Carthaginois, après la seconde guerre punique, il étoit porté que les Carthaginois ne pourroient faire la guerre à personne, ni au dedans ni au dehors de l'Afrique, sans le consentement du peuple Romain, ce qui tout évidemment donnoit atteinte à la Souveraineté de Carthage, & la mettoit sous la dépendance de Rome.

Mais la Souveraineté de l'allié inférieur demeure en son entier, quoiqu'il s'engage, par exemple, à payer l'armée de l'autre, à lui rembourser les frais de la guerre, à raser les fortifications de quelque place, à donner des ôtages, à tenir pour amis ou pour ennemis tous les amis ou ennemis de l'autre, à n'avoir point de places fortes à certains endroits, à ne point faire voile en certaines mers, à reconnoître la prééminence de l'autre, & à lui témoigner dans l'occasion quelque déférence, &c.

§. XIV. Cependant, quoique ces conditions & d'autres semblables ne donnent point atteinte à la Souveraineté, il faut convenir que ces sortes de traités d'inégalité ont souvent beaucoup de délicatesse, & que si le Prince qui est au-dessus de l'autre en dignité, le surpasse aussi beaucoup en force & en puissance, il est à craindre que le premier n'acquiere peu à peu une autorité & une domination proprement ainsi nommée, sur tout si le traité est perpétuel.

§. XV. 4°. L'on fait encore une autre division des traités publics; c'est qu'il y en a de *réels* & de *personnels*. Les traités personnels sont ceux que l'on fait avec un Roi considéré personnellement, ensorte que le traité expire avec lui. Les traités réels sont au contraire ceux où l'on ne traite pas tant avec le Roi ou avec les chefs du peuple, qu'avec tout le corps de l'Etat, & qui par conséquent subsistent après la mort de ceux qui les ont faits & obligent leurs successeurs.

§. XVI. Pour sçavoir à présent à laquelle de ces deux classes il faut rapporter tel ou tel traité, voici les principales régles que l'on peut établir.

1°. Il

1°. Il faut d'abord faire attention à la teneur même du traité, à ses clauses & aux vues que se sont proposées les parties contractantes. *Utrum autem in rem, an in personam pactum factum est, non minus ex verbis, quàm ex mente convenientium æstimandum est* (1). Ainsi, s'il y a une clause expresse que le traité est fait à perpétuité, ou pour un certain nombre d'années, ou pour le bien de l'Etat, ou avec le Roi, pour lui & ses successeurs, on voit assez par là que le traité est réel.

2°. Tout traité fait avec une République est réel de sa nature, parce que le sujet avec lequel on contracte, est une chose permanente.

3°. Encore même que le Gouvernement vienne à être changé de républicain en monarchique, le traité ne laisse pas de subsister, parce que le corps est toujours le même, il a seulement un autre chef.

4°. Il faut pourtant faire ici une exception, c'est lorsqu'il paroît que la constitution du Gouvernement républicain a été la véritable & le fondement du traité, comme si deux Républiques avoient con-

(1) Leg. 7. §. 8. ff. de Pactis.

tracté une alliance pour la conservation de leur Gouvernement & de leur liberté.

5°. Dans un doute, tout traité public fait avec un Roi doit être tenu pour réel, parce que dans le doute un Roi est censé agir comme chef de l'État & pour le bien de l'Etat.

6°. D'où il s'ensuit que comme après le changement du Gouvernement démocratique en monarchique, un traité ne laisse pas de subsister avec le nouveau Roi; de même si le Gouvernement devient républicain de monarchique qu'il étoit, le traité fait avec le Roi n'expire pas pour cela, à moins qu'il ne fût manifestement personnel.

7°. Tout traité de paix est réel de sa nature, & doit être gardé par les successeurs; car aussi-tôt que l'on a exécuté ponctuellement les conditions du traité, la paix efface entièrement les injures qui avoient allumé la guerre, & rétabli les Nations dans l'état où elles doivent être naturellement.

8°. Si l'une des parties ayant déja exécuté quelque chose à quoi elle étoit tenue par le traité, l'autre vient de mourir avant que d'avoir exécuté de son côté ses engagemens, le successeur du Roi défunt est obligé ou de dédommager entièrement l'autre partie de ce qu'elle a fait ou donné, ou d'exécuter lui-même ce à quoi son prédécesseur s'étoit engagé.

9°. Que s'il n'y a encore rien d'exécuté de part ni d'autre, ou si ce qui a été fait de part & d'autre est égal, alors si le traité tend directement à l'avantage personnel du Roi ou de sa famille, il est clair qu'aussi-tôt qu'il vient à mourir ou que la famille est éteinte, le traité finit de lui-même.

10°. Enfin il faut remarquer qu'il a comme passé en coutume, que les successeurs doivent renouveller du moins en termes généraux, les traités manifestement reconnus pour réels, afin qu'ils soient plus fortement obligés à les observer, & qu'ils ne s'en croient pas dispensés, sous prétexte qu'ils ont d'autres idées touchant les intérêts de l'Etat, que celles qu'avoient leurs prédécesseurs.

§. XVII. L'on fait encore cette question, sçavoir, s'il est permis de faire des traités & des alliances avec ceux qui ne professent pas la véritable Religion ? Je réponds que par le droit de nature, il n'y a point de difficulté là-dessus. Le droit de faire des traités est commun à tous les hommes, & n'a rien d'opposé aux principes de la vraie Religion, qui bien loin de condamner la prudence & l'humanité, recommande fortement l'une & l'autre (a).

§. XVIII. Pour bien juger des causes qui mettent fin aux traités publics, il ne faut que faire attention aux régles de conventions en général.

1°. Ainsi un traité conclu pour un certain temps, expire au bout du terme dont on est convenu.

2°. Un traité expiré n'est point censé tacitement renouvellé; car une nouvelle obligation ne se présume pas aisément.

3°. Lors donc qu'après le terme expiré on exerce encore quelques actes qui paroissent conformes aux engagemens du traité précédent, ils doivent passer plutôt pour de simples marques d'amitié & de bienveillance, que pour un renouvellement tacite du traité.

4°. A quoi pourtant il faut mettre

(a) Voyez *Grotius*, *D. de la G. & de la P. Liv. II. Chap. XV.* §. 8, 9, 10, 11, 12.

cette exception, à moins que les choses que l'on a faites depuis l'expiration du traité ne puissent souffrir d'autre interprétation que celle d'un renouvellement tacite de la convention précédente. Par exemple, si un allié s'est engagé à donner à l'autre une certaine somme par an, & qu'après le terme de l'alliance expirée on fasse le payement de la même somme pour l'année suivante, l'alliance se renouvelle par là tacitement pour cette année.

5°. C'est une suite de la nature de toutes les conventions en général, que si l'une des parties viole les engagemens dans lesquels elle étoit entrée par le traité, l'autre est dispensée de tenir les siens, & peut les regarder comme rompus; car pour l'ordinaire tous les articles d'un traité ont force de condition, dont le défaut le rend nul.

6°. Cela est ainsi pour l'ordinaire, c'est-à-dire, au cas que l'on ne soit pas convenu autrement; car on met quelquefois cette clause, que la violation de quelqu'un des articles du traité ne le rompra pas entièrement, afin que l'une des parties ne puisse pas se dédire de ses engagemens pour la moindre offense, bien entendu que celui qui par le fait de l'autre, souffre quelque dommage, doit être indemnisé de manière ou d'autre.

§. XIX. Il n'y a que le Souverain qui puisse faire des alliances & des traités, ou par lui-même ou par ses Officiers & ses Ministres. Les traités faits par les Ministres, n'obligent le Souverain & l'Etat que lorsque les Ministres ont été duement autorisés, & qu'ils n'ont rien fait que conformément à leurs ordres & à leur pouvoir. Il faut remarquer à ce sujet que chez les Romains on appelloit *Fœdus*, *pacte public*, *convention solemnelle*, un traité fait par ordre de la Puissance souveraine, ou qui avoit été ratifié ; mais lorsque des personnes publiques avoient promis sans ordre de la Puissance souveraine quelque chose qui intéressoit le Souverain, c'est ce qu'on appelloit *Sponsio*, une *simple promesse*.

§. XX. En général, il est certain que lorsque des Ministres font sans ordre de leur Souverain quelque traité concernant les affaires publiques, le Souverain n'est pas obligé de le tenir, & même le Ministre qui a traité sans ordre peut être puni suivant l'exigence du cas ; cependant il peut y avoir des circonstances dans lesquelles un Souverain est tenu ou par les régles de la prudence, ou même par celles de la justice & de l'équité, à ratifier un traité, quoique fait & conclu sans ordre.

§. XXI. Lorsqu'un Souverain vient à être informé d'un traité conclu par un de ses Ministres sans son ordre, son *silence* seul n'emporte pas une *ratification*, à moins qu'il ne soit d'ailleurs accompagné de quelqu'acte, ou de quelqu'autre circonstance qui ne puisse vraisemblablement souffrir d'autre explication; & à plus forte raison, si l'accord n'a été fait que sous cette condition que le Souverain le ratifiât, il n'est valable & obligatoire que lorsque le Souverain l'a ratifié d'une manière formelle & expresse.

CHAPITRE X.

Des conventions que l'on fait avec un Ennemi.

§. I. ENTRE les conventions publiques, celles qui supposent *l'état de guerre* & que l'on fait avec un ennemi, méritent une attention particulière : il y en a de deux sortes, les unes qui laissent *subsister l'état de guerre*, & qui ne font que tempérer les actes d'hostilité, les autres qui les font *cesser entièrement*. Mais avant que de traiter des unes & des autres, il faut dire quelque chose en général sur la validité de ces conventions.

Si l'on doit garder la foi entre Ennemi.

§. II. Cette question est sans doute une des plus belles & des plus importantes du droit des gens. GROTIUS & PUFFENDORF ne sont pas d'accord sur cette matière. Le premier soutient généralement que toutes les conventions que l'on fait avec un ennemi, doivent être gardées avec une fidélité inviolable : mais PUFFENDORF trouve là dessus quelque difficulté, à l'égard de ses conventions qui laissent subsister l'état de guerre. Tâchons d'établir des principes au moyen desquels on puisse se déterminer surement sur ces deux opinions.

§. III. Je remarque 1°. que quoique la guerre détruise par elle-même l'état de Société entre deux Nations, il ne faut pas conclure de là que la guerre ne soit assujettie à aucune loi ; & que tout droit & toute obligation cessent absolument entre deux ennemis.

2. Au contraire, tout le monde convient qu'il y a un droit de la guerre, obligatoire par lui-même entre ennemis, & de l'observation duquel ils ne sçauroient se dispenser, sans manquer à leur devoir : c'est ce que nous avons prouvé nous-mêmes ci-devant, soit en faisant voir qu'il y a de guerres *justes & injustes*, & que même dans les guerres les plus justes il n'est pas permis de pousser les actes d'hostilité à l'infini, mais qu'il faut nécessairement rester dans certaines bornes, & que par conséquent il y a des choses *injustes & illicites*, même à l'égard d'un

ennemi. Puis donc que la guerre n'anéantit pas par elle-même toutes les loix de la Societé, on ne sçauroit conclure de cela seul que deux Nations se font la guerre, qu'elles soient par cela même dispensées d'être fidéles à leur parole, & de garder les engagemens qu'elles ont pris l'une avec l'autre pendant le cours de la guerre.

3°. La guerre étant en elle-même un très-grand mal, il est de l'intérêt commun des Nations de ne pas se priver volontairement des moyens que la prudence leur présente pour en moderer les rigueurs & en adoucir les effets; il est au contraire de leur devoir de chercher à se les procurer & à s'en assurer les effets; autant du moins que cela ne peut porter aucun préjudice au but légitime de la guerre: mais il n'y a que la *foi publique* qui puisse procurer à deux ennemis, pendant qu'ils ont encore les armes à la main, le doux repos d'une trève; c'est elle seule qui peut assurer aux villes rendues, les droits qu'elles se sont réservés. Que gagneroient les peuples, ou plutôt combien n'y auroit-il pas à perdre pour eux s'ils se croyoient autorisés à ne faire aucun cas de la parole donnée à l'ennemi, & s'ils ne considéroient les conventions faites dans ces circonstances, que comme des moyens de se duper les uns les autres? Certainement on ne sçauroit penser que la loi de nature puisse approuver des maximes aussi manifestement opposées au bien commun du genre humain. D'ailleurs on ne doit jamais faire la guerre pour la guerre même, mais seulement par nécessité, pour obtenir une satisfaction juste & raisonnable, & une bonne paix; d'où il suit nécessairement que le droit que donne la guerre d'ennemi à ennemi, ne sçauroit aller jusqu'à rendre les guerres, éternelles à les perpétuer à l'infini, & à mettre un obstacle invincible au rétablissement de la paix.

4°. C'est cependant ce qui arriveroit nécessairement, si le droit naturel n'imposoit pas une obligation indispensable de tenir ce dont on est volontairement convenu avec un ennemi pendant le cours de la guerre, soit que ces conventions tendent seulement à suspendre ou à modérer les actes d'hostilité, soit qu'elles ayent pour but de les faire cesser entièrement & de rétablir la paix.

Car enfin, il n'y a que deux voies pour parvenir à la paix; la première est la destruction totale & entière de notre ennemi, la seconde est de faire avec lui un traité. Si donc les traités & les conventions faites entre ennemis n'étoient pas en eux-mêmes sacrés & inviolables, il ne resteroit d'autre moyen pour se procurer une paix solide, que de pousser la guerre à l'infini & à toute outrance, jusques à la destruction entière & totale de nos ennemis. Mais qui ne voit qu'un principe qui va nécessairement à la destruction du genre humain & des sociétes, & qui d'ailleurs n'a rien de nécessaire, est directement contraire au droit de la nature & des gens, dont le grand but est la conservation & le bonheur de la société humaine en général, & des sociétés civiles en particulier ?

5°. On ne sçauroit mettre ici aucune différence entre les différens traités que l'on peut faire avec un ennemi, & l'obligation que le droit naturel impose de les observer inviolablement, regarde aussi bien ceux qui laissent subsister l'état de guerre, que ceux qui tendent à rétablir la paix : il n'y a point de milieu, il faut établir pour régle générale, que toute convention avec un ennemi est obligatoire, ou qu'il n'y en a aucune qui soit véritablement telle.

En effet, s'il étoit permis, par exemple, de rompre de gaieté de cœur une trève bien conclue, d'arrêter sans raison des gens à qui l'on auroit donné des passeports, &c. quel mal y auroit-il de tromper l'ennemi sous prétexte de parler de paix? Quand on entre en négociation pour ce dernier sujet, on ne cesse pas dès-lors d'être ennemi, ce n'est proprement qu'une espèce de trève dont on convient, pour voir s'il y auroit moyen de s'accommoder : si les négociations n'ont pas un heureux succès, ce n'est pas une nouvelle guerre que l'on commence, puisque les différens pour lesquels on avoit pris les armes, n'ont point encore été terminés; on ne fait que continuer les actes d'hostilité que l'on avoit un peu suspendus; ainsi on ne pourroit pas plus compter sur la bonne foi de l'ennemi à l'égard des conventions qui vont à rétablir la paix, que par rapport à celles dont le but est seulement de suspendre ou de modérer les actes d'hostilité; donc les défiances seroient continuelles, les guerres se perpétueroient à l'infini, & on ne parviendroit jamais à une paix solide.

6°. Plus l'ambition & l'avarice ont rendu les guerres fréquentes, quoique non nécessaires, plus les principes que nous venons d'établir sont indispensables pour le repos & l'intérêt du genre humain; c'est donc avec raison que CICERON prétend qu'il y a un droit de guerre que l'on doit observer entre ennemis, comme encore que l'ennemi conserve certains droits malgré la guerre (1).

Ce n'est pas assez de dire, comme fait PUFFENDORF, que l'usage reçu parmi les Nations civilisées a établi en faveur de la gloire des armes, pour l'honneur des guerriers & pour l'intérêt du genre humain, que l'on doit tenir pour valides toutes les conventions faites avec l'ennemi: il falloit ajouter de plus, que cela est indispensable, que la Justice le veut ainsi; qu'il ne dépend nullement des Nations d'établir les choses sur un autre pied, & qu'elles ne peuvent sans crime s'écarter des régles que le droit naturel leur prescrit à cet égard pour leur avantage commun.

(1) *Est autem etiam Jus bellicum, fidesque juris jurandi sæpe cum hoste servanda.* Off. Lib. IV, Cap. 29.

§. IV. Il ne ſera pas difficile, au moyen des principes que nous venons d'établir, de répondre aux raiſonnemens par leſquels PUFFENDORF prétend faire voir que toutes les conventions faites avec un ennemi ne ſont pas obligatoires par elles-mêmes.

Nous nous contenterons de remarquer 1°. que les raiſons dont il ſe ſert ne prouvent rien, parce qu'elles prouvent trop, &c. & 2°. que tout ce que l'on en peut conclure raiſonnablement, c'eſt que l'on doit agir avec prudence, & bien prendre ſes précautions ayant que de donner parole, ou d'entrer dans quelque engagement avec un ennemi, parce que les hommes ſont ſujets à manquer de foi pour leur propre intérêt, ſur-tout lorſqu'ils ont à faire à des gens dont ils ſont haïs, ou qu'ils haïſſent eux-mêmes.

§. V. Mais, dira-t-on, n'eſt-ce pas un principe inconteſtable du droit naturel, que toute convention, tout traité extorqué par une violence injuſte, eſt nul de lui-même, & que par conſéquent celui qui a été forcé à le faire malgré lui, peut innocemment ne pas tenir ſa parole, s'il eſtime qu'il puiſſe le faire avec ſûreté.

La violence & la force ouverte sont le caractère distinctif de la guerre, & pour l'ordinaire c'est le vainqueur, soit qu'il fasse une guerre juste ou injuste, qui impose au vaincu la nécessité de traiter avec lui, & qui le contraint par la supériorité de ses armes à accepter les conditions qu'il lui propose : Comment donc est-il possible que le droit de la nature & des gens déclare sacrés & inviolables des traités faits dans ces circonstances ?

Je réponds, que quelque vrai que soit en lui-même le principe sur lequel cette objection est fondée, on ne peut pas cependant l'appliquer dans toute son étendue à la question dont il s'agit.

L'intérêt commun du genre humain demande que l'on mette ici quelque différence entre les conventions extorquées par crainte de particulier à particulier, & celles ausquelles un Prince ou un Peuple souverain est contraint par la supériorité des armes d'un vainqueur, quoique ce soit en conséquence d'une guerre injuste. Le droit des gens fait donc ici une exception à la régle générale du droit naturel, qui annulle les conventions par l'exception l'exception d'une crainte injuste : ou si l'on veut, le droit des gens tient pour juste de part & d'autre, la crainte qui porte deux ennemis à traiter ensemble pendant le cours de la guerre : car autrement il n'y auroit aucun moyen ni d'en tempérer les fureurs, ni de la terminer entièrement, comme nous l'avons montré ci-dessus.

§. VI. Mais pour ne rien laisser en arrière d'essentiel sur cette question, il est nécessaire d'ajoûter quelques éclaircissemens à ce que nous venons de dire.

Et premièrement, j'estime qu'il faut distinguer ici, si celui qui par la supériorité de ses armes, a contraint son ennemi à traiter avec lui, avoit entrepris la guerre sans aucun sujet, ou s'il pouvoit en alléguer quelque raison spécieuse. Si le vainqueur avoit entrepris la guerre pour quelque sujet apparent, quoiqu'injuste ou insuffisant dans le fond, à l'examiner à la rigueur, alors il est sans contredit de l'intérêt du genre humain que le droit des gens déclare valides & obligatoires les traités conclus dans ces circonstances, ensorte que les vaincus ne puissent se dispenser de les tenir, sous prétexte de la crainte injuste qui en est la cause.

Mais si l'on suppose que la guerre ait été entreprise sans aucun sujet, ou bien que le sujet qu'on allégue soit manifestement frivole ou injuste, comme quand un Alexandre va chercher à subjuguer des peuples éloignés, qui n'avoient jamais entendu parler de lui, &c. une telle guerre étant un vrai brigandage, j'avoue qu'il ne me paroît pas que le vaincu soit plus obligé de tenir le traité auquel on l'a contraint, que ne le seroit un particulier qui auroit promis à des brigands une somme d'argent pour racheter sa vie ou sa liberté.

§. VII. Disons encore, & c'est ici un autre éclaircissement nécessaire, que même dans le cas où l'on supposeroit la guerre entreprise pour quelque sujet apparent & raisonnable, si le traité que le vainqueur impose au vaincu renferme en lui-même des conditions d'une injustice qui aille jusqu'à la barbarie, & qui soient tout-à-fait contraires à l'humanité, on ne sçauroit dans ces circonstances refuser au vaincu le droit de se soustraire à ses engagemens, & de recommencer la guerre pour s'affranchir, s'il le peut, des conditions dures & inhumaines ausquelles on l'a voulu assujettir, en abusant de la victoire contre les droits de l'humanité. La guerre la plus juste n'autorise pas le vainqueur à ne garder aucune mesure, aucune modération à l'égard des vaincus; & il ne sçauroit se plaindre raisonnablement de l'infraction d'un traité dont les conditions sont injustes en elles-mêmes, & d'ailleurs pleines de barbarie & de cruauté.

§. VIII. L'Histoire Romaine nous fournit à ce sujet un exemple très remarquable & qu'il ne sera pas hors de propos de rapporter ici.

Les Privernates avoient été subjugués plusieurs fois par les Romains, & ils s'étoient rebellés autant de fois: leur Ville fut enfin reprise par le Consul Plautius. Réduits à l'extrémité, ils envoyerent des Ambassadeurs à Rome pour demander la paix. Un des Sénateurs leur ayant demandé quelle punition ils croyoient mériter: l'un d'entr'eux lui répondit, *celle que méritent ceux qui se croyent dignes de vivre en liberté*. Alors le Consul leur demanda s'il y avoit lieu de se promettre qu'ils observeroient la paix, en cas qu'on leur pardonnât leur faute ? *La paix sera perpétuelle entre nous*, repartit l'Ambassadeur, *& nous observerons fidelement si les conditions que vous nous imposez, sont justes & raisonnables ; mais si elles sont dures & fâcheuses, cette paix ne sera pas de longue durée, & nous l'aurons bientôt rompue.*

Quoique quelques-uns des Sénateurs fussent choqués de cette réponse, cependant la plûpart l'approuvèrent, disant qu'elle étoit digne d'un homme & d'un homme libre. Et reconnoissant quelle étoit la force des droits de l'humanité, ils s'écrierent que ceux-là seuls étoient dignes d'être faits citoyens de Rome, qui n'estimoient rien en comparaison de la liberté, ainsi ceux qu'on menaçoit d'abord de punition furent admis au droit de Bourgeoisie & obtinrent les conditions qu'ils demandoient ; & les généreux refus qui firent des Privernates d'observer les conditions d'un traité dur & inhumain, les fit juger dignes de devenir compagnons de ceux qui étoient alors le peu de du monde le plus brave & le plus vertueux.

Concluons donc qu'il faut garder ici un juste milieu, & dire que l'on doit inviolablement observer les traités faits avec un ennemi, sans que l'exception d'une crainte injuste puisse autoriser à manquer à la foi qu'on lui a donnée, à moins que la guerre ne fût manifestement un vrai brigandage de sa part, ou que d'ailleurs les conditions qu'il nous impose ne fussent de la dernière injustice, pleines de barbarie & de cruauté.

§. IX. Enfin il y a encore un cas dans lequel on peut sans perfidie se dispenser de tenir ce qu'on a promis à l'ennemi; c'est lorsqu'une certaine condition qu'on avoit supposée comme la base de l'engagement, vient à manquer, c'est là une suite de la nature même des conventions. C'est en conséquence de ce principe que l'infidélité de l'une des parties contractantes libère l'autre; car dans la régle & pour l'ordinaire, tous les articles d'un même traité sont renfermés l'un dans l'autre en forme de condition, & comme si l'on avoit dit formellement : *Je ferai telle ou telle chose, pourvu que de votre côté vous fassiez ceci ou cela.* *

* *Voyez ci-dessus.*

CHAPITRE XI.

Des Conventions que l'on fait avec un Ennemi pendant le cours de la Guerre.

§. I. ENTRE les conventions qui laissent subsister l'*état de la guerre*, une des principales, c'est *la Trêve*.

La trêve est une convention par laquelle on s'engage à suspendre pour quelque tems les actes d'hostilité, sans que pour cela la guerre finisse, mais l'état de guerre subsistant toujours.

§. II. La tréve n'est donc point une paix, puisque la guerre subsiste. Mais si l'on est convenu, par exemple, de certaines contributions pendant la guerre, comme on n'accorde ces contributions que pour se racheter des actes d'hostilité, elles doivent cesser pendant la trêve, puisqu'alors ces actes ne sont pas permis; & au contraire, si l'on a parlé de quelque chose comme devant avoir lieu en tems de paix, l'intervalle de la trêve ne sera point compris là-dedans.

§. III. Toute tréve laissant subsister

l'état de guerre, c'est encore une conséquence, qu'après le terme expiré il n'est pas besoin d'une nouvelle déclaration de guerre ; la raison en est, que ce n'est pas une nouvelle guerre que l'on commence, c'est la même que l'on continue.

§. IV. Ce principe que la guerre que l'on recommence après une tréve n'est pas une nouvelle guerre, peut s'appliquer à divers autres cas. Dans un traité de paix conclu entre l'Evêque & le Prince de Trente & les Venitiens, il avoit été convenu *que chacun seroit remis en possession de ce qu'il possedoit avant la précédente & dernière guerre.*

Au commencement de cette guerre l'Evêque avoit pris un Château des Venitiens, que ceux-ci reprirent depuis. L'Evêque refusoit de le céder, sous prétexte qu'il avoit été repris après plusieurs tréves qui s'étoient faites pendant le cours de cette guerre ; la question devoit se décider évidemment en faveur des Venitiens.

§. V. On peut faire des tréves de plusieurs sortes.

1°. Quelquefois pendant la tréve les armées ne laissent pas de demeurer toujours sur pied avec tout l'appareil de la guerre, & ces sortes de tréves sont ordinairement de courte durée; quelquefois aussi l'on met bas les armes & chacun se retire chez soi, & alors elles sont de plus longue durée.

2°. Il y a une *tréve générale* pour tous les pays de la domination de l'un & de l'autre peuple, & une tréve *particulière* restreinte à certains lieux, comme par exemple, sur mer & non pas sur terre, &c.

3°. Enfin il y a une tréve absolue, indeterminée & générale, & une tréve limitée & déterminée à certaines choses; par exemple, pour enterrer les morts: ou bien si une Ville assiégée a obtenu une tréve seulement pour être à l'abri de certaines attaques, ou par rapport à certains actes d'hostilité, comme pour le ravage de la campagne.

§. VI. Il faut remarquer encore qu'à proprement parler, une tréve ne se fait que par une convention expresse, & qu'il est très-difficile d'établir une tréve sur le fondement d'une convention tacite, à moins que les faits ne soient tels en eux-mêmes & dans leurs circonstances, qu'ils ne puissent être rapportées à un autre principe, qu'à un dessein bien sincère de suspendre pour un tems les actes d'hostilité.

Ainsi, de cela seul qu'on s'est abstenu pour quelque tems d'exercer des actes d'hostilité, l'ennemi auroit tort d'en conclure que l'on consent à une tréve.

§. VII. La nature de la tréve fait assez connoître quels en sont les effets.

1°. En général, si la tréve est générale & absolue, tout acte d'hostilité doit cesser, tant à l'égard des personnes qu'à l'égard des choses; mais cela n'empêche pas que l'on ne puisse pendant la tréve lever de nouvelles troupes, faire des magasins, réparer des fortifications, &c. à moins qu'il n'y ait quelque convention formelle au contraire; car ces sortes d'actes ne sont pas en eux-mêmes des actes d'hostilité, mais des précautions défensives, & que l'on peut prendre même en pleine paix.

2°. Ce seroit aussi une chose contraire à la tréve que de s'emparer d'une place occupée par l'ennemi, en corrompant la garnison; il est bien évident que l'on ne peut pas non plus innocemment s'emparer pendant la tréve des lieux que l'ennemi a abandonnés, mais qui lui appartiennent, soit qu'il ait cessé de les garder avant la tréve, soit après.

3°. Par conséquent, il faut rendre les choses appartenantes à l'ennemi, qui pendant la tréve sont par quelque hazard tombées entre nos mains, encore même qu'elles nous eussent appartenu auparavant.

4°. Pendant la tréve il est permis d'aller & de venir de part & d'autre, mais sans aucun train ou aucun appareil, d'où il puisse y avoir quelque chose à craindre.

§. VIII. A cette occasion on demande si ceux qui par quelque accident imprévu & insurmontable, se trouvent malheureusement sur les terres de l'ennemi après la tréve expirée, peuvent être retenus prisonniers ou si l'on doit leur accorder la liberté de se retirer : GROTIUS, & PUFFENDORF après lui, décident que l'on peut à la rigueur du droit les retenir prisonniers de guerre; mais, ajoute GROTIUS, il est sans doute plus humain & plus généreux de se relâcher d'un tel droit; pour moi, il me semble que c'est une suite du traité de tréve, que l'on laisse aller ces gens en liberté, car puisqu'en vertu de la tréve on étoit obligé de laisser aller & venir en liberté pendant tout le tems de la tréve, on doit aussi leur accorder la même permission après la tréve même, s'il paroît manifestement qu'une force majeure ou un cas imprévu les a empêchés d'en profiter durant l'espace réglé; autrement, comme ces sortes d'accidens peuvent arriver tous les jours, une telle permission deviendroit souvent un piége pour faire tomber bien des gens entre les mains de l'ennemi: tels sont les principaux effets d'une tréve absolue & générale.

§. IX. Pour ce qui est d'une tréve particulière ou déterminée à certaines choses, ses effets sont proportionnés à la convention, & limités par la nature particulière de l'accord.

1°. Ainsi si l'on a accordé une tréve seulement pour enterrer les morts, on n'est pas pour cela en droit d'entreprendre tranquillement quelque chose de nouveau, qui apporte quelque changement à l'état des choses: on ne peut, par exemple, pendant ce temps-là se retirer dans un port plus sûr ni se retrancher, &c. car premiérement celui qui a accordé une courte tréve pour enterrer les morts, ne l'a accordée que pour cela, & il n'y a nulle raison de l'étendre au delà du cas dont on est convenu; d'où il s'ensuit que si celui à qui on l'a accordée vouloit en profiter pour se retrancher, par exemple, ou pour quelqu'autre chose, l'autre seroit en droit de l'empêcher par la voie des armes. Le premier ne sçauroit s'en plaindre, car on ne sçauroit prétendre raisonnablement qu'une tréve conclue pour enterrer les morts, & restreinte à ce seul acte, donne droit d'entreprendre & de faire tranquillement quelque autre chose : tout ce à quoi elle oblige celui qui l'a accordée, c'est à ne point s'opposer par la force à l'enterrement des morts ; il n'est tenu à rien de plus : cependant PUFFENDORF est dans un sentiment contraire. (1)

2°. C'est en conséquence des mêmes principes ; que si l'on suppose que par la tréve on ait seulement mis les *personnes* à couvert des actes d'hostilité, & non pas les *choses* ; en ce cas là si pour défendre ses biens on fait du mal aux personnes, on n'agit point contre l'engagement de la tréve ; car par cela même qu'on a accordé de part & d'autre une sûreté pour les personnes, on s'est aussi réservé le droit de défendre ses biens du dégât ou du pillage ; ainsi la sûreté des personnes n'est point

(1) *Voyez* Droit de la nature & des gens, L. VIII. C. 7. §. 9.

générale, mais seulement pour ceux qui vont & viennent sans dessein de rien prendre à l'ennemi avec qui on a fait cette tréve limitée.

§. X. Toute tréve oblige les parties contractantes, du moment que l'accord est fait & conclu : mais à l'égard des Sujets de part & d'autre, ils ne sont dans quelque obligation à cet égard que quand la tréve leur a été solemnellement notifiée. Il suit de là que si avant cette notification, les Sujets commettent quelque acte d'hostilité, ou font quelque chose contre la tréve, ils ne seront sujets à aucune punition ; cependant les Puissances qui auront conclu la tréve doivent dédommager ceux qui auront souffert, & rétablir les choses dans le premier état, autant que faire se pourra.

§. XI. Enfin si la tréve vient à être violée d'un côté, il est certainement libre à l'autre des parties de reprendre les armes, & de recommencer la guerre sans aucune déclaration préalable ; que si l'on est convenu d'une peine payable par celui qui violeroit la tréve, si celui-ci offre la peine, ou s'il l'avoit subie, l'autre n'est point en droit de recommencer les actes d'hostilité avant le terme expiré, bien entendu qu'outre la peine stipulée, la partie lésée est en droit de demander un dédommagement de ce qu'elle a souffert par l'infraction de la tréve; mais il faut bien remarquer que les actions des particuliers ne rompent point la tréve, à moins que le Souverain n'y ait quelque part, ou par un ordre donné, ou par une approbation, & le Souverain est censé approuver ce qui a été fait, s'il ne veut ni punir ni livrer le coupable, ou s'il refuse de rendre les choses prises pendant la suspension d'armes.

§. XII. Les sauf-conduits sont aussi des conventions faites entre ennemis, & qui méritent qu'on en dise quelque chose: on entend par-là un privilége accordé à quelqu'un des ennemis, sans qu'il y ait cessation d'armes, & par lequel on lui accorde la liberté d'aller & de venir en sureté.

§. XIII. Toutes les questions que l'on propose sur les sauf-conduits, peuvent se décider ou par la nature même des sauf-conduits accordés, ou par les régles générales de la bonne interprétation.

1°. Un sauf-conduit donné pour des

gens de guerre, regarde non seulement des Officiers subalternes, mais encore ceux qui commandent en chef; c'est l'usage naturel & ordinaire des termes qui le veut ainsi.

2°. Si l'on permet à quelqu'un d'aller dans un certain endroit, on est aussi censé lui avoir permis de s'en retourner, autrement la première permission se trouveroit souvent inutile: il pourroit cependant y avoir des cas où l'un n'emporteroit pas l'autre.

3°. Si l'on a accordé à quelqu'un la liberté de venir, il ne peut pas pour l'ordinaire envoyer quelqu'autre à sa place: & au contraire, celui qui a eu permission d'envoyer à quelqu'un ne peut pas venir lui-même, car ce sont deux choses différentes, & la permission doit naturellement être restreinte à la personne même à qui elle est accordée, car peut-être ne l'auroit-on pas accordé à un autre.

4°. Un père à qui l'on a accordé un passeport, ne peut pas mener avec lui son fils, ni un mari sa femme.

5°. Pour les valets, quoiqu'il n'en soit fait aucune mention, on présume qu'il est permis d'en mener un ou deux, ou même davantage, selon la qualité de la personne.

6°. Dans le doute & pour l'ordinaire, le privilege, d'un sauf-conduit ne s'éteint pas par la mort de celui qui l'a accordé; rien n'empêche cependant qu'il ne puisse, pour de bonnes raisons, être révoqué par le successeur; mais alors il faut que celui à qui le sauf conduit avoit été donné, soit averti de se retirer, & qu'on lui accorde le tems nécessaire pour parvenir en lieu de sûreté.

7. Un sauf-conduit accordé pour aussi long-tems qu'on voudra, emporte par lui-même une continuation du sauf conduit jusqu'à ce qu'on le révoque bien clairement; car sans cela la volonté est censée subsister toujours la même, quelque tems qui se soit écoulé; mais un tel sauf-conduit expire, si celui qui l'avoit donné vient à n'être plus revêtu de l'emploi en vertu duquel il l'avoit donné.

§. XIV. Le rachat des prisonniers est encore une convention qui se fait souvent sans que la guerre finisse. Les anciens Romains ne se portoient pas aisément à racheter les prisonniers: ils examinoient, 1°. si ceux qui avoient été pris par les ennemis,

ennemis avoient gardé les loix de la discipline militaire, & par conséquent s'ils méritoient d'être rachetés, & le parti de la rigueur prévaloit ordinairement, comme le plus avantageux à la République.

§. XV. Mais en général, il est certainement plus conforme & au bien de l'Etat & à l'humanité de racheter les prisonniers, à moins que l'expérience ne fasse voir qu'il est nécessaire d'user envers eux d'une grande rigueur, pour prévenir ou corriger des maux plus grands qui sans cela seroient inévitables.

§. XVI. Un accord fait pour la rançon d'un prisonnier ne peut être révoqué, sous prétexte que le prisonnier se trouve plus riche que l'on ne l'avoit cru : car cette circonstance du plus ou du moins de richesses du prisonnier, n'a aucune liaison avec l'engagement ; de sorte que si l'on vouloit régler là-dessus la rançon, il falloit avoir mis cette condition dans le traité.

§. XVII. Quand on a fait quelqu'un prisonnier de guerre, on n'acquiert la propriété que de ce qu'on lui a pris effectivement : ainsi l'argent ou les autres choses qu'un prisonnier de guerre a trouvé moyen de tenir cachées ou de dérober aux recherches que l'on a faites, lui demeurent sans contredit en pleine propriété, & par conséquent il peut s'en servir pour le prix de sa rançon. L'ennemi ne sçauroit avoir pris possession de ce dont il n'avoit aucune connoissance, & d'ailleurs le prisonnier n'est en aucune manière ténu de lui découvrir tout ce qu'il peut avoir.

§. XVIII. L'héritier d'un prisonnier de guerre est-il obligé de payer la rançon que le défunt avoit promise ?

Réponse. Si le prisonnier est mort en captivité, l'héritier ne doit rien, car la promesse du défunt supposoit son relâchement; mais s'il étoit déja relâché quand il est venu à mourir, l'héritier doit la rançon sans contredit.

§. XIX. Autre question. Un prisonnier relâché à condition d'en faire relâcher un autre pris par les siens, doit-il revenir se mettre en prison lorsque cet autre est mort avant qu'il ait obtenu son relâchement ? Je réponds que le prisonnier relâché n'est point tenu de se remettre en prison, car cela n'a point été stipulé ; mais il ne paroît pas juste non plus qu'il jouisse de la liberté en pur gain, il faut donc qu'il donne un dédommagement, ou qu'il paye la valeur du prisonnier mort à celui envers qui il s'est engagé.

CHAPITRE XII.

Des conventions faites pendant la Guerre par des Puissances subalternes, comme par des Généraux d'armée ou d'autres Officiers.

§. I. TOUT ce que nous avons dit jusqu'ici des conventions faites avec un ennemi, regarde celles qui sont faites de part & d'autre par les Puissances Souveraines; mais comme les Souverains ne contractent pas toujours eux-mêmes, il faut voir à présent ce que l'on doit penser des traités faits par les Généraux ou par d'autres Officiers subalternes.

§. II. Pour sçavoir si ces conventions obligent le Souverain, on peut établir les principes suivans.

1°. Il est incontestable que comme toute personne peut s'engager ou par soi-même ou par autrui, le Souverain est engagé par les conventions faites par ses Ministres ou ses Officiers, en conséquence des pouvoirs & des ordres qu'il leur en a donnés formellement.

2°. Quiconque donne à quelqu'un un certain pouvoir, est raisonnablement censé lui accorder par cela même tout ce qui en est une suite & une dépendance nécessaire, & sans quoi il ne sçauroit l'exercer convenablement, mais il n'est pas censé accorder rien davantage.

3°. Si celui à qui on a donné charge de traiter n'a rien fait que dans l'étendue de son pouvoir, s'il n'a point passé les bornes du pouvoir attaché à son emploi, quoiqu'il ait excédé ses ordres secrets, on ne laisse pas d'être tenu de ce qu'il a fait, autrement l'on ne sçauroit jamais compter sur les engagemens contractés par Procureur.

4°. Le Souverain est encore obligé par le fait de ses Ministres & de ses Officiers, quoique destitués de pouvoir & d'ordre, s'il a ratifié les engagemens qu'ils ont pris, ou d'une manière formelle & précise, & alors il n'y a aucune difficulté, ou d'une manière tacite, c'est-à-dire, si instruit de ce qui s'est passé, le Souverain laisse faire ou fait lui-même des choses qui ne puissent raisonnablement être rapportées à aucune autre cause qu'à l'intention d'exécuter les engagemens de son Ministre, quoique contractés sans sa participation.

5°. Le Souverain peut encore être obligé à exécuter les engagemens contractés par ses Officiers sans son ordre, par un effet de la loi naturelle, qui nous défend de nous enrichir aux dépens d'autrui. L'équité veut que dans ces circonstances l'on observe exactement les conditions du contrat, quoique conclu par des Ministres qui n'étoient point autorisés.

6°. Tels sont les principes généraux de l'équité naturelle, en vertu desquels les Souverains peuvent être plus ou moins engagés par les conventions de leurs Généraux : à quoi néanmoins il faut encore ajouter cette réflexion générale ; à moins que les loix & les coutumes du pays n'y apportent quelque modification particulière, & qu'elles soient connues de ceux avec qui ils ont traité.

7°. Enfin, si un Ministre public passe les bornes de sa commission, qu'il ne puisse point tenir ce qu'il a promis, & que son maître n'y soit point obligé, il est sans contredit obligé à dédommager celui avec lequel il a traité : que s'il y avoit de la mauvaise foi de sa part, il pourroit même être puni de sa fourberie, & l'on seroit en droit de s'en prendre à sa personne ou à ses biens, ou même à l'un & à l'autre ensemble.

§. III. Eclaircissons ces principes généraux, en les appliquant à quelques exemples particuliers.

1°. Un Général d'armée ne peut point transiger de ce qui regarde le sujet de la guerre & ses suites; car le pouvoir de faire la guerre, dans quelque étendue qu'il ait été donné, n'emporte point le pouvoir de la finir.

2°. Les Généraux d'armée ne pourroient pas non plus accorder de leur chef des tréves pour un espace de temps considérable; car 1°. cela n'est point une dépendance nécessaire de leur commission. 2°. La chose est de trop grande conséquence pour être entièrement laissée à leur discrétion. 3°. Et enfin, les circonstances ne sont pas d'ordinaire si pressantes, que l'on n'ait pas le temps de consulter le Souverain: & en général le devoir & la prudence veulent qu'un Général consulte le Souverain autant qu'il lui est possible, même par rapport aux choses qu'il a pouvoir de ménager de son chef.

A plus forte raison, des Généraux ne

peuvent pas conclure ces sortes de tréves qui font disparoître entièrement l'appareil de la guerre, & qui approchent d'une véritable paix.

3°. A l'égard des tréves qui sont de courte durée, il est sans difficulté au pouvoir d'un Général de les faire, par exemple, pour enterrer les morts, &c.

§. IV. Les Lieutenans des Généraux, ou même les Officiers subalternes, peuvent aussi faire des tréves particulières pendant l'attaque, par exemple, d'un corps d'ennemis retranchés, ou dans le siége d'une ville : car cela étant souvent très-nécessaire, on présume avec raison que ce droit est renfermé dans l'étendue de leur commission par une conséquence nécessaire.

§. V. Mais ces tréves particulières n'obligent-elles que les Officiers qui les ont conclues & leurs troupes, ou bien sont-elles valables par rapport aux autres Commandans & au Chef de l'armée ?

GROTIUS se détermine pour le premier sentiment ; cependant le second nous paroît le mieux fondé : car 1°. comme on suppose que c'est en conséquence d'une approbation tacite du Souverain, qu'une telle tréve a été conclue par un Officier subalterne, aucun autre Officier ou égal ou supérieur ne pourroit agir contre l'accord, sans blesser indirectement l'autorité du Souverain. 2°. D'ailleurs, cela pourroit donner lieu à des supercheries & à des défiances qui rendroient inutile ou impraticable l'usage de ces tréves particulières, si nécessaires en diverses occasions.

§. VI. Il n'appartient pas aux Généraux d'armée de relâcher les personnes acquises par les armes, ni de disposer des Souverainetés & des terres conquises.

§. VII. Mais il est certainement au pouvoir des Généraux, d'accorder ou laisser les choses qui ne sont pas encore acquises. Les villes, par exemple, & souvent les personnes ne se rendent que sous condition d'avoir la vie sauve ou la liberté, ou même leurs biens, & d'ordinaire on n'a pas le temps de consulter là-dessus le Souverain : les chefs même subalternes doivent avoir ce droit aussi loin que s'étend leur commission.

§. VIII. Enfin on peut aisément juger par les principes que nous avons établis, de la conduite que tint le peuple Romain à l'égard de Bituitus, Roi des Auvergnats, & dans l'affaire des Fourches Caudines.

CHAPITRE XIII.

Des conventions faites avec l'Ennemi par de simples particuliers.

§. I. IL arrive quelquefois dans la guerre que des particuliers, soit de simples soldats, soit autres, font quelques conventions avec l'ennemi. CICERON remarque judicieusement à ce sujet, que si des particuliers ont promis quelque chose à l'ennemi, y étant contraints par la nécessité des circonstances, ils doivent tenir religieusement leur parole (1).

§. II. En effet, tous les principes que nous avons établis ci-devant, prouvent manifestement la justice & la nécessité de ce devoir; sans cela on mettroit souvent obstacle à la liberté, on donneroit occasion à des carnages, &c.

§. III. Mais quoique ces engagemens soient valides en eux-mêmes, il est bien clair qu'un particulier ne sçauroit aliéner validement ce qui appartient au public,

(1) *De Offic. Lib. I, Cap.* 13.

cela n'étant pas même permis aux Généraux d'armée.

§. IV. A l'égard des actions & des biens de chaque particulier, quoique les conventions qu'il peut faire avec l'ennemi à ce sujet puissent quelquefois porter quelque préjudice à l'Etat, elles ne laissent pas d'être obligatoires. Tout ce qui tend à éviter un plus grand mal, quoique dommageable en soi-même, doit être considéré comme un bien: comme, par exemple, quand on s'engage à payer quelques contributions pour se racheter du pillage ou des incendies. Les loix de l'Etat ne sçauroient même sans injustice, ôter aux particuliers le droit de pourvoir à leur sureté, en imposant aux sujets une obligation trop onéreuse; ce qui répugne entièrement à la raison & à la nature.

§. V. C'est en conséquence de ces principes, que l'on tolère, & avec raison, la promesse que fait un prisonnier de guerre de venir se remettre en prison: on ne le laisseroit point aller sans cela, & il vaut mieux sans doute & pour lui & pour l'Etat qu'il ait cette permission pour un temps, que s'il demeuroit toujours en prison. Ce fut donc pour satisfaire à son devoir que

Regulus retourna à Carthage, & se remit entre les mains des ennemis (2).

§. VI. Il faut juger de même de la promesse par laquelle on s'engage *à ne point servir contre celui de qui on est prisonnier.* En vain objecteroit-on qu'un tel engagement est contraire à ce qu'on doit à la patrie : il n'y a rien de contraire au devoir d'un bon citoyen de se procurer la liberté, en promettant de s'abstenir d'une chose dont il est au pouvoir de l'ennemi de nous empêcher ; la patrie ne perd rien par là, elle y gagne même quelque chose, puisqu'un prisonnier, tant qu'il n'est pas relâché, est perdu pour elle.

§. VII. Si l'on a promis de ne point se sauver, il faut incontestablement tenir sa parole, quand même on l'auroit donnée dans les fers ; mais si le prisonnier n'a donné sa parole qu'à condition qu'il ne seroit point resserré de cette manière, il en est quitte s'il est mis dans les fers.

§. VIII. Mais enfin, si les particuliers qui se sont engagés à l'ennemi ne veulent point tenir leur parole, leur Souverain

(2) Cicer. *de Offic. Lib. III. Cap.* 29.

doit il les y contraindre ? Sans doute : en vain seroient-ils liés par leur promesse, s'il n'y avoit quelqu'un qui pût les contraindre à s'en acquitter.

CHAPITRE XIV.

Des conventions publiques qui mettent fin à la Guerre.

§. I. LES conventions qui mettent fin à la guerre, sont ou *principales* ou *accessoires*. Les conventions principales sont celles qui terminent la guerre, ou par elles-mêmes comme un traité de paix, ou par une suite de ce dont on est convenu, comme quand on a remis la fin de la guerre à la décision du sort, ou au succès d'un combat, ou au jugement d'un arbitre. Les conventions accessoires, sont celles qu'on ajoute quelquefois aux conventions principales, pour les confirmer & en rendre plus sure l'exécution. Tels sont les *Otages*, les *Gages*, les *Garanties*.

§. II. Nous avons déja traité ci-devant du sort des combats arrêtés de part & d'autre, & des arbitres considérés comme des moyens d'empêcher une guerre ou de la terminer ; il ne nous reste plus qu'à parler des traités de paix.

§. III. La première question qui se présente içi, c'est, si les conventions qui terminent la guerre peuvent être annullées par l'exception d'une crainte injuste qui les a arrachées.

Après les principes que nous avons établis ci-devant pour faire voir que l'on doit garder la foi donnée à un ennemi, il n'est pas nécessaire de nous arrêter ici à l'établir de nouveau. De toutes les conventions publiques, les traités de paix sont celles que les peuples doivent regarder comme les plus sacrés & les plus inviolables ; rien n'est plus important au repos & à la tranquillité du genre humain : les Princes & les Nations n'ayant point de Juge commun qui puisse connoître & décider de la justice de la guerre, on ne pourroit jamais compter sur un traité de paix, si l'exception d'une crainte injuste avoit ici lieu ordinairement. Je dis *ordinairement ;* car dans les cas où l'injustice des conditions d'un traité de paix est de la dernière évidence, & que le vainqueur injuste abuse de sa victoire, au point d'imposer au vaincu les conditions les plus dures, les plus cruelles & les plus insupportables; le droit des nations ne sçauroit autoriser de semblables traités, ni imposer aux vaincus l'obligation de s'y soumettre soigneusement. Ajoutons encore, que bien que le droit ordonne qu'à l'exception du cas dont nous venons de parler, les traités de paix soient observés fidélement, & ne puissent pas être annullés sous le prétexte d'une contrainte injuste, il est néanmoins incontestable que le vainqueur ne peut pas profiter en conscience des avantages d'un tel traité, & qu'il est obligé par la justice intérieure de restituer tout ce qu'il peut avoir acquis dans une guerre injuste.

§. IV. Une autre question, c'est de sçavoir si un Souverain ou un Etat doit tenir les traités de paix & d'accommodement qu'il a faits avec des sujets rebelles; Je réponds; 1°. que lorsqu'un Souverain a réduit par les armes les sujets rebelles, c'est à lui à voir comment il les traitera. 2°. Mais s'il est entré avec eux dans quelque accommodement, il est censé par cela seul leur avoir pardonné tout le passé, de sorte qu'il ne sçauroit légitimement se dispenser de tenir sa parole, sous prétexte qu'il l'avoit donnée à des sujets rebelles. Cette obligation est d'autant plus inviolable, que les Souverains sont sujets à traiter de rébellion une désobéissance ou une résistance, par laquelle on ne fait que maintenir ses justes droits, & s'opposer à la violation des engagemens les plus essentiels des Souverains ; l'histoire n'en fournit que trop d'exemples.

§. V. Il n'y a que celui qui a droit de faire la guerre, qui ait le droit de la terminer par un traité de paix : en un mot, c'est ici une partie essentielle de la Souveraineté. Mais un Roi prisonnier pourroit-il conclurre un traité de paix valable & obligatoire pour la nation ? Je ne le pense pas, car il n'y a nulle apparence, & l'on ne sçauroit présumer raisonnablement que le peuple ait voulu conférer la Souveraineté à quelqu'un, avec pouvoir de l'exercer sur les choses les plus importantes, même dans le temps qu'il ne seroit pas maître de sa propre personne : mais à l'égard des conventions qu'un Roi prisonnier auroit faites, touchant ce qui lui appartient en particulier, elles sont valides sans contredit, suivant les principes que nous avons établis dans le chapitre précédent. Que dirons-nous d'un Roi chassé de ses Etats? s'il n'est dans aucune dépendance de personne, il peut sans doute faire la paix.

§. VI. Pour connoître surement de quelles choses un Roi peut disposer par un traité de paix, il ne faut que faire attention à la nature de la Souveraineté & à la manière dont il la posséde.

1°. Dans les Royaumes patrimoniaux, à les considérer en eux-mêmes, rien n'empêche que le Roi n'aliéne la Souveraineté, ou une partie.

2°. Mais les Rois qui ne possédent la Souveraineté qu'à titre d'usufruit, ne peuvent par aucun traité aliéner de leur chef, ni la Souveraineté entière, ni aucune de ses parties; pour valider de telles aliénations, il faut le consentement de tout le peuple ou des Etats du Royaume.

3°. A l'égard du *Domaine de la Couronne*, il n'est pas non plus pour l'ordinaire au pouvoir du Souverain de l'aliéner.

4°. Pour ce qui est des biens des particuliers, le Souverain a comme tel, un droit éminent sur les biens des sujets, & par conséquent il peut en disposer & les aliéner par un traité toutes les fois que l'utilité l'utilité publique ou la nécessité le demandent, bien entendu que l'Etat doit dans ces cas-là dédommager les particuliers du dommage qu'ils souffrent au-delà de leur cotte part.

§. VII. Pour bien interpréter les clauses d'un traité de paix, & pour en bien déterminer les effets, il ne faut que faire attention aux régles générales de l'interprétation, & à l'intention des parties contractantes.

1°. Dans tout traité de paix, s'il n'y a point de clauses au contraire, on présume que l'on se tient réciproquement quittes de tous les dommages causés par la guerre; ainsi les clauses d'amnistie générale ne sont que pour une plus grande précaution.

2°. Mais les dettes de particulier à particulier déja contractées avant la guerre, & dont on n'avoit pas pu pendant la guerre exiger le payement, ne sont point censées éteintes par le traité de paix.

3°. Les choses mêmes que l'on ignore avoir été commises, soit qu'elles l'ayent été avant ou pendant la guerre, sont censées comprises dans les termes généraux, par lesquelles on tient quitte l'ennemi de tout le mal qu'il nous a fait.

4°. Il faut rendre tout ce qui ne peut avoir été pris depuis la paix conclue, cela n'a point de difficulté.

5°. Si dans un traité de paix on fixe un certain terme pour l'accomplissement des conditions dont on est convenu, ce terme doit s'entendre à la derniere rigueur; ensorte que lorsqu'il est expiré, le moindre retardement n'est pas excusable, à moins qu'il ne provînt d'une force majeure, ou qu'il ne paroisse manifestement que ce délai ne vient d'aucune mauvaise intention.

6. Enfin, il faut remarquer que tout traité de paix est par lui-même perpétuel, & pour parler ainsi, éternel de sa nature: c'est-à-dire, que l'on est censé de part & d'autre être convenu de ne prendre jamais plus les armes au sujet des démêlés qui avoient allumé la guerre, & de les tenir desormais pour entièrement terminés.

§. VIII. C'est une autre question importante, de sçavoir quand la paix peut être regardée comme rompue.

1°. Quelques personnes distinguent ici entre *rompre la Paix*, & *fournir un nouveau sujet de Guerre.* Rompre la Paix, c'est contrevenir à quelques articles du traité; fournir un nouveau sujet de guerre, c'est prendre les armes pour quelque nouvelle raison, dont il n'est point fait mention dans le traité.

2°. Mais lorsqu'on donne ainsi un nouveau sujet de guerre, le traité se rompt par là indirectement, si l'on refuse de faire satisfaction à l'offensé ; car alors l'offensé pouvant prendre les armes & traiter l'offenseur en ennemi, contre qui tout est permis, il faut aussi sans contredit se dispenser de tenir les conditions de la paix, quoique le traité n'ait point été rompu formellement par rapport à sa teneur : d'ailleurs, la distinction dont il s'agit ne peut guères être d'usage aujourd'hui, parce que les traités de paix sont conçus de telle manière, qu'ils emportent un engagement de vivre desormais en bonne amitié à tous égards ; il faut donc dire en général, que tout nouvel acte d'hostilité injuste rompt la paix.

3°. Pour ceux qui ne font que repousser la force par la force, ils ne rompent en aucune manière la paix.

4°. Si la paix est conclue avec plusieurs alliés de celui avec qui le traité a été fait, la paix n'est pas rompue, si quelqu'un de ces alliés vient à reprendre les armes, à moins qu'elle n'eût été conclue sur ce pied-là; mais c'est ce qu'on ne présume point, & sans doute le seul infracteur peut être regardé comme ennemi.

5°. Des violences ou des actes d'hostilité que quelques sujets de l'Etat commettent de leur chef, ne peuvent rompre la paix qu'en supposant que le Souverain les approuve; & c'est ce que l'on présume, s'il a la connoissance du fait, le pouvoir de punir, & qu'il néglige de le faire.

6°. La paix est censée rompue, lorsque sans un sujet légitime on exerce quelque acte d'hostilité, non-seulement contre tout le corps de l'Etat, mais même contre des particuliers ou des sujets de l'Etat; car le but d'un traité de paix, est que tous les sujets de l'Etat soient desormais en sureté.

7°. Un traité de paix est rompu sans contredit, si l'on contrevient aux articles clairs & formels qu'il renferme: quelques Docteurs néanmoins distinguent ici entre les articles du traité qui sont *de grande importance*, & ceux qui sont *de peu d'importance*; mais cette distinction est peu sûre en elle-même, & d'une application difficile & délicate. En général tous les articles d'un traité doivent être regardés comme assez importans, pour qu'ils doivent être ponctuellement observés ; il faut pourtant avoir égard ici à ce que demande l'humanité, & pardonner plutôt les fautes légères que d'en poursuivre la réparation par les armes.

8°. Si l'une des parties est réduite par quelque nécessité invincible, à l'impossibilité d'effectuer ses engagemens, on ne doit pas tenir la paix pour rompue ; mais l'autre partie doit ou attendre quelque tems l'effet de ce qu'on lui a promis, s'il y a encore quelque espérance, ou bien elle peut demander un équivalent raisonnable.

9°. Lors même qu'il y a de la perfidie d'un côté, il est libre certainement à la partie innocente de laisser subsister la paix, & il seroit ridicule de prétendre que celui qui le premier enfreint la paix puisse se dégager de l'obligation où il étoit, en agissant contre cette même obligation.

§. IX. L'on joint quelquefois aux traités de paix, pour sureté de leur exécution, des ôtages, des gages ou des garants. Les ôtages sont de plusieurs sortes ; car ou ils se donnent eux-mêmes volontairement, ou c'est par ordre de leur Souverain, ou bien ils sont pris de force par l'ennemi : rien n'est plus commun aujourd'hui, par exemple, que d'enlever des ôtages par force pour la sureté des contributions.

§. V. Le Souverain peut, en vertu de son autorité, contraindre quelques-uns de ses sujets à se mettre entre les mains de l'ennemi pour ôtage ; car s'il est en droit quand la nécessité le requiert, de les exposer à un péril de mort, à plus forte raison peut-il engager leur liberté corporelle ; mais d'un autre côté, l'Etat doit assurément indemniser les ôtages de tout ce qu'ils peuvent souffrir pour le bien de la Société.

§. XI. L'on demande, & l'on donne des ôtages pour la sureté de l'exécution de quelque engagement ; il faut donc pour cela que l'on puisse garder les ôtages comme on le juge à propos, jusqu'à l'accomplissement de ce dont on est convenu : il suit de là qu'un ôtage qui s'est constitué tel volontairement, ou celui qui a été donné par le Souverain ne peut pas se sauver ; cependant GROTIUS accorde cette liberté aux derniers : mais il faudroit pour cela, ou que l'intention de l'Etat fût que l'ôtage ne demeurât point entre les mains de l'ennemi, ou qu'il n'eût pas le pouvoir d'obliger l'ôtage à y demeurer. Le premier est manifestement faux ; car autrement l'ôtage ne serviroit point de sûreté ; & la convention seroit illusoire : l'autre n'est pas plus vrai ; car si l'Etat en vertu de son *Domaine éminent*, peut exposer la vie même des citoyens, pourquoi ne pourroit-il pas engager leur liberté ? aussi GROTIUS convient-il lui-même que les Romains étoient obligés de rendre Clelie à Porsenna : mais il n'en est pas tout-à-fait de même à l'égard des ôtages qui ont été pris par force ; car ils sont toujours en droit de se sauver tant qu'ils n'ont pas donné leur parole qu'ils ne le feroient pas.

§. XII. On demande si celui à qui l'on a donné des ôtages peut les faire mourir, au cas que l'on n'exécute pas ses engagemens ? Je réponds que les ôtages eux-mêmes n'ont pu donner à l'ennemi aucun pouvoir sur leur propre vie, dont ils ne sont pas les maîtres. Pour ce qui est de l'Etat, il a bien le pouvoir d'exposer au péril de la mort la vie de ses sujets, lorsque le bien public le demande, mais ici tout ce que le bien public exige, c'est qu'il engage la liberté corporelle de ceux qu'il donne en ôtage, & il ne peut pas plus les rendre responsables de son infidélité au péril de leur vie, qu'il ne peut faire que l'innocent soit criminel; ainsi l'Etat n'engage nullement la vie des ôtages : celui à qui on les donne est censé les recevoir à ces conditions, & quoique par l'infraction du traité ils se trouvent à sa merci, il ne s'ensuit pas qu'il ait droit en conscience de les faire mourir pour ce sujet seul, il peut seulement les retenir desormais comme prisonniers de guerre.

§. XIII. Les ôtages donnés pour un certain sujet sont libres dès qu'on y a satisfait, & par conséquent ne peuvent pas être retenus pour une autre cause, pour laquelle on n'avoit point promis d'ôtages. Que si l'on a manqué de parole en quelqu'autre chose, ou contracté quelque nouvelle dette, les ôtages donnés peuvent alors être retenus, non comme ôtages, mais en conséquence de cette régle du droit des gens, qui autorise à arrêter la personne des Sujets, pour le fait de leur Souverain.

§. XIV. Un ôtage est-il libéré par la mort du Prince qui l'avoit donné? Cela dépend de la nature du traité, pour la sûreté duquel on avoit livré l'ôtage ; c'est-à-dire, qu'il faut examiner s'il est *personnel* ou *réel*.

Que si l'ôtage devient l'héritier & successeur du Prince qui l'avoit donné, il n'est plus tenu alors de demeurer en ôtage, quoique le traité soit réel ; il doit seulement mettre quelqu'un à sa place, si l'autre partie le demande. Le cas dont il s'agit étoit tacitement excepté ; car on ne sçauroit présumer qu'un Prince, par exemple, qui auroit donné pour ôtage, son propre fils, son héritier présomptif, ait prétendu qu'au cas qu'il vînt à mourir lui-même, l'Etat fût privé de son Chef.

§. XV. On donne aussi quelquefois des gages pour la sûreté d'un traité de paix, & comme nous avons dit qu'on peut retenir les ôtages pour quelqu'autre dette, cela s'applique également aux gages donnés.

§. XVI. Enfin, il arrive aussi que des Princes ou des Etats, sur-tout ceux qui ont été médiateurs de la paix, se rendent garants des observations de part & d'autre par une espéce de *Cautionnement* qui emporte l'obligation d'interposer leurs bons offices, pour faire obtenir une satisfaction raisonnable à celui au préjudice duquel l'autre auroit violé quelque article du traité, & même de donner secours au premier qui sera insulté par l'autre, contre les articles & les conditions de la paix.

CHAPITRE XV.

Des Droits des Ambassadeurs.

§. I. IL ne nous reste plus qu'à dire quelque chose des Ambassadeurs & des privilèges que le droit des gens leur accorde. Il est naturel de traiter ici cette matière, puisque c'est par le moyen de ces Ministres que se négocient & se concluent ordinairement les traités.

§. II. Rien n'est plus ordinaire que la maxime qui établit que les Ambassadeurs sont des personnes sacrées & inviolables, & qu'ils sont sous la protection du droit des gens; & en effet, on ne sçauroit douter qu'il n'importe extrêmement à tous les hommes & à tous les peuples, non-seulement de mettre fin aux querelles & aux guerres, mais encore d'établir & d'entretenir entr'eux le commerce & l'amitié : Or les Ambassadeurs sont nécessaires pour procurer ces avantages ; d'où il suit que Dieu qui veut sans contredit tout ce qui contribue à la conservation & au bonheur de la Société humaine, ne peut que défendre par la loi naturelle de faire aucun mal à ces sortes de personnes, & qu'il ordonne au contraire qu'on leur accorde toutes les sûretés, tous les priviléges que demande le but de leur emploi & de leurs fonctions.

§. III. Avant que d'entrer dans l'application des priviléges que le droit des gens accorde aux Ambassadeurs, il faut d'abord remarquer avec GROTIUS, qu'ils appartiennent uniquement aux Ambassadeurs envoyés de Souverain à Souverain ; car pour ce qui est des Députés des Villes ou des Provinces auprès de leur propre Souverain, ce n'est pas par le droit des gens commun aux Nations qu'il faut juger de leurs priviléges, mais par le droit civil du pays : en un mot, les priviléges des Ambassadeurs ne regardent que les étrangers, c'est-à-dire ceux qui ne sont pas de notre dépendance.

Rien n'empêche donc qu'un allié inférieur n'ait droit d'envoyer des Ambassadeurs à l'allié supérieur ; car dans une alliance inégale, l'allié inférieur ne cesse pas pour cela d'être indépendant.

Mais un Roi vaincu dans une guerre & dépouillé de son Royaume, peut-il envoyer des Ambassadeurs ? La question est inutile par rapport au vainqueur, qui n'aura garde de penser seulement s'il doit recevoir des Ambassadeurs de la part de celui qu'il a dépouillé de ses Etats. A l'égard des autres Puissances, si le conquérant fait une guerre manifestement injuste ; elles n'en doivent pas moins, tant qu'elles le peuvent sans s'exposer à quelque grand inconvénient, reconnoître pour véritable Roi celui qui l'est effectivement, & par conséquent recevoir ses Ambassadeurs.

Le cas d'une guerre civile est un cas extraordinaire, dans lequel la nécessité oblige quelquefois à recevoir des Ambassadeurs de part & d'autre : alors une seule & même Nation est regardée pour un tems, comme faisant deux corps de peuples ; mais les pirates & les brigands ne formant point de corps d'Etat, ne peuvent point jouir à l'égard des Ambassadeurs des priviléges du droit des gens, à moins qu'ils ne l'obtiennent par un traité, comme cela est arrivé quelquefois.

§. IV. Les Anciens ne distinguoient pas différentes sortes de personnes envoyées par une Puissance auprès d'une autre, ils étoient tous appellés chez les Latins, *Legati* ou *Oratores* : aujourd'hui on donne divers titres à ces Ministres publics, mais l'emploi est au fond le même, & toutes les distinctions que l'on fait sont plûtôt fondées sur le plus ou le moins d'éclat avec lequel ils soutiennent leur dignité, & sur la pension plus ou moins grosse qui leur est assignée, que sur quelque autre raison qui ait du rapport à leur caractère.

§. V. La distinction des Ambassadeurs la plus commune & la plus en usage aujourd'hui, est celle des *Ambassadeurs extraordinaires* & des *Ambassadeurs ordinaires*. Cette différence étoit tout à fait inconnue aux anciens. Tous les Ambassadeurs qu'ils envoyoient étoient extraordinaires, c'est-à-dire, chargés seulement d'une certaine négociation particulière, au lieu que les Ambassadeurs ordinaires sont ceux que l'on tient dans les Cours des Etats dont on est ami, pour y ménager toutes sortes d'affaires, & même pour y épier ce qui s'y passe.

Le changement de la situation des choses dans notre Europe depuis la destruction de l'Empire Romain, les divers Princes souverains, les différentes Républiques qui se sont élevées, & l'accroissement du commerce, ont rendu commodes & même nécessaires ces Ambassadeurs ordinaires, & en ont fait introduire l'usage; aussi plusieurs Historiens remarquent avec raison que les Turcs qui n'entretiennent point de Ministres dans les pays étrangers, usent en cela d'une mauvaise politique; car comme ils ne reçoivent leurs nouvelles que par des marchands Juifs ou Arméniens, ils n'apprennent le plus souvent les choses que fort tard, ou bien ils sont mal informés, ce qui fait qu'ils prennent souvent de fausses mesures, parce qu'ils ont eu de faux avis.

§. VI. Grotius remarque qu'il y a deux maximes principales du droit des gens touchant les Ambassadeurs : la première, *qu'il faut recevoir les Ambassadeurs*; la seconde, *qu'on ne leur doit faire aucun mal, & que leur personne est sacrée & inviolable.*

§. VII. Sur la première de ces maximes, il faut remarquer que l'obligation où sont les Princes & les Etats de recevoir les Ambassadeurs, est fondée en général sur la société & l'humanité; car comme toutes les Nations forment entre elles une espéce de société, & qu'en conséquence elles doivent s'entr'aider les unes les autres par un commerce mutuel d'offices & de services, l'usage des Ambassadeurs devient nécessaire entr'elles par cela même. C'est donc une régle du droit des gens que l'on doit recevoir un Ambassadeur, & ne le pas refuser sans une juste cause.

§. VIII. Mais lors même qu'on est tenu de recevoir les Ambassadeurs, ce n'est qu'en vertu d'un devoir d'humanité, qui ne produit qu'une obligation imparfaite & non rigoureuse; de sorte qu'un simple refus ne peut pas être regardé comme une injustice proprement dite, qui donnera un juste sujet de guerre. D'ailleurs, l'obligation de recevoir les

Ambaſſadeurs regarde auſſi bien ceux qui nous ſont envoyez par l'ennemi, que ceux qui nous viennent d'une Puiſſance amie : il eſt du devoir des Princes mêmes qui ſont en guerre, de chercher les moyens de rétablir entr'eux une paix juſte & raiſonnable, & ils ne ſçauroient en venir à bout, à moins qu'ils ne ſoient diſpoſés à écouter les propoſitions qu'ils peuvent ſe faire réciproquement, & la manière la plus convenable pour cela, eſt de ſe ſervir d'Ambaſſadeurs ou de Miniſtres. Le même devoir d'humanité impoſe auſſi aux Princes neutres ou à des tiers, l'obligation de laiſſer paſſer ſur leurs terres les Ambaſſadeurs que d'autres Puiſſances s'envoient.

§. IX. J'ai dit que l'on ne doit pas refuſer ſans un juſte ſujet de recevoir un Ambaſſadeur, car il peut ſe faire que l'on ait de très-bonnes raiſons pour ne pas le recevoir. Par exemple, ſi ſon Maître nous a déjà dupé, ſous prétexte d'ambaſſade, & que l'on ait lieu de ſoupçonner une pareille tromperie ; ſi celui qui nous envoie des Ambaſſadeurs nous a trahi, ou s'il s'eſt rendu coupable envers nous de quelque crime atroce ; ſi l'on ſçait

sçait avec certitude que, sous prétexte de quelques négociations, l'Ambassadeur ne vient que pour causer quelque sédition, ou pour espionner.

Ainsi dans la retraite des dix mille dont XENOPHON nous a laissé l'histoire, les Généraux résolurent que tant qu'ils seroient en pays ennemi, ils ne recevroient point de Hérauts; & ce qui les obligea à prendre une telle résolution, ce fut qu'ils avoient éprouvé que sous prétexte d'Ambassadeurs, ils venoient espionner & débaucher les Soldats.

Il peut aussi arriver que l'on ait de justes raisons de refuser un Ambassadeur ou un Envoyé d'une Puissance amie, parce qu'en le recevant on donneroit quelque sujet de défiance à quelqu'autre Puissance qu'il nous convient de ménager. Enfin, la personne même ou le caractère de celui qu'on veut nous envoyer, peut fournir de justes raisons pour ne pas le recevoir. Voilà qui peut suffire sur la maxime, qu'il faut recevoir les Ambassadeurs.

§. X. Pour l'autre régle du droit des gens, qui établit que l'on ne doit faire aucun mal aux Ambassadeurs, & que leur personne doit être regardée comme sacrée & inviolable, il est un peu plus difficile de décider les questions qui s'y rapportent.

1°. Quand on dit que le droit des gens défend de faire aucun mal aux Ambassadeurs, ou en paroles ou en actions, on ne donne en cela aucun privilége particulier aux Ambassadeurs, car les loix de la nature assurent à tous particuliers la jouissance de leur vie, de leur honneur & de leurs biens.

2°. Mais quand on ajoûte que la personne des Ambassadeurs est sacrée & inviolable par le droit des gens, on prétend attribuer par là aux Ambassadeurs des prérogatives, des priviléges qui ne sont pas dûs aux simples particuliers, &c.

3°. Quand on dit que la personne d'un Ambassadeur est sacrée, cela veut dire, selon la signification de ce terme, que l'on punit plus rigoureusement ceux qui ont maltraité un Ambassadeur, que ceux qui ont fait quelque injure ou quelque insulte à quelque particulier, & que c'est à cause du caractère qui rend les Ambassadeurs sacrés, que l'on décerne une peine si différente pour un même genre d'offense.

4°. Ensuite, ce qui fait que l'on appelle sacrée & inviolable la personne des Ambassadeurs, c'est qu'ils ne sont point soumis à la Jurisdiction civile ou criminelle du Souverain auprès duquel ils sont envoyés, ni à l'égard de leurs personnes, ni à l'égard des gens de leur suite, ni à l'égard de leurs biens, & par conséquent on ne peut pas agir contr'eux par les voies ordinaires de la Justice, & c'est en cela que consistent principalement leurs priviléges.

§. XI. Le fondement de ces priviléges que le droit des gens accorde aux Ambassadeurs, c'est que comme un Ambassadeur représente la personne même de son Maître, il doit par conséquent jouir de tous les priviléges, de tous les droits qu'auroit pour lui-même un Prince souverain, qui viendroit en personne dans les Etats d'un autre Prince pour travailler à ses propres affaires, pour négocier, par exemple, ou conclure un traité, une alliance, pour établir son commerce & autres choses semblables, &c. Or certainement, pour quelque raison qu'un Prince souverain passe de son pays dans un pays étranger, on ne sçauroit penser qu'il perde son caractère & son indépendance, & qu'il devienne sujet du Prince dans les terres duquel il se trouve : au contraire il doit être censé vouloir demeurer comme il étoit auparavant, égal & indépendant de toute Jurisdiction civile ou criminelle de celui chez qui il va, & celui-ci le reçoit sur ce pied-là, comme il voudroit être reçu lui-même s'il alloit à son tour dans les Etats de l'autre. Il faut accorder à l'Ambassadeur, en vertu de son caractère représentatif, les mêmes immunités, les mêmes prérogatives.

Le but même & la fin des ambassades, rend nécessaires ces priviléges des Ambassadeurs; car il est incontestable que si l'Ambassadeur peut traiter avec le Prince à qui il est envoyé, avec une pleine indépendance, il se trouvera bien plus en état de s'acquitter de ses fonctions & de servir son Maître utilement, que s'il étoit assujetti à la Jurisdiction du Prince avec qui il a à négocier, qu'il pût être assigné en Justice lui ou ses gens, & que l'on pût saisir ou arrêter ses effets, &c. C'est donc avec raison que tous les peuples font en la personne des Ambassadeurs une exception à la coûtume reçue par-tout, de regarder comme soumis aux loix du pays, tous les étrangers qui se trouvent dans les terres de la dépendance de l'Etat.

§. XII. Ces principes supposés, je dis : 1°. Qu'il n'y a point de difficulté à l'égard des Ambassadeurs qui viennent auprès d'une Puissance avec laquelle leur Maître est en paix, & qui n'ont fait eux-mêmes aucun mal à personne : les maximes les plus communes & les plus évidentes du droit naturel, demandent en leur faveur une entière sureté ; de sorte que si on insulte ou qu'on outrage en quelque manière que ce soit un tel Ambassadeur, on donne à son Maître un juste sujet de guerre : le Roi DAVID nous en fournit un exemple.*

2°. Pour ce qui est des Ambassadeurs qui viennent de la part d'un ennemi, & qui n'ont fait eux-mêmes aucun mal avant qu'on les ait reçus, leur sureté dépend uniquement des loix de l'humanité ; car un ennemi comme tel est en droit de faire du mal à son ennemi : ainsi tant qu'il n'y a point de convention à ce sujet, on n'est obligé d'épargner l'Ambassadeur d'un en-

* *II. Sam. Cap. X.*

nemi, qu'en vertu des sentimens d'humanité que l'on ne doit jamais dépouiller, & qui nous engagent à respecter tout ce qui tend au bien de la paix.

3°. Mais lorsqu'on a promis de recevoir ou reçu effectivement l'Ambassadeur d'un ennemi, on s'est engagé par-là manifestement à lui procurer une entière sureté, tant qu'il ne fera lui-même aucun mal, il ne faut pas même excepter ici les Hérauts qui sont envoyés pour déclarer la guerre, pourvu qu'ils le fassent d'une manière qui n'ait rien d'offensant. Voilà pour les Ambassadeurs innocens.

4°. A l'égard des Ambassadeurs qui se sont rendus coupables, ils ont fait du mal ou *d'eux-mêmes*, ou *par ordre de leur Maître*.

Si c'est d'eux-mêmes, ils perdent le droit d'être en sureté, & de jouir de leurs priviléges lorsque leur crime est *manifeste & atroce*; car un Ambassadeur, quel qu'il soit, ne peut jamais avoir plus de privilége que n'en auroit son Maître : or on ne pardonneroit pas au Maître un tel crime.

Par *crime atroce*, il faut entendre ici ceux qui tendent ou à troubler l'Etat, ou à priver de la vie les sujets du Prince auprès duquel l'Ambassadeur est envoyé, ou à leur causer quelque préjudice considérable en leur honneur ou en leurs biens.

Lorsque le crime offense directement l'Etat ou celui qui en est le Chef, soit que l'Ambassadeur ait actuellement usé de violence ou non, c'est-à-dire, soit qu'il ait poussé les sujets à quelque sédition, ou qu'il ait conspiré lui-même contre l'Etat ou qu'il ait favorisé le complot, soit qu'il ait pris les armes avec les rebelles ou avec l'enemi, ou qu'il les ait fait prendre à ses gens, &c. on peut s'en venger même en le tuant, non comme sujet, mais comme ennemi; car son Maître même n'auroit pas lieu de s'attendre à un meilleur traitement; & le but des ambassades établies pour le bien commun des Nations n'exigent point qu'on accorde à un Ambassadeur qui le premier viole ouvertement les loix les plus sacrées du droit des gens, les priviléges que ce droit accorde aux Ambassadeurs: que si un tel Ambassadeur s'est sauvé, son Maître est tenu de le livrer lorsqu'on le lui demande.

Mais si le crime, tout atroce & tout

manifeste qu'il est, n'offense qu'un particulier, l'Ambassadeur ne doit pas être pour cela réputé ennemi de l'Etat ou du Prince ; mais comme si son Maître avoit commis quelque crime de cette nature, on devroit lui en demander satisfaction, & ne prendre les armes contre lui que quand il l'auroit refusée, la même raison d'équité veut que celui chez lequel l'Ambassadeur a commis un tel crime, le renvoie à son Maître en le priant de le livrer ou de le punir : car de le retenir en prison jusqu'à ce que se Maître ou le rappellât pour le punir, ou déclarât qu'il l'abandonne, ce seroit témoigner quelque défiance de la justice du Maître, & par-là l'outrager lui-même en quelque façon, puisque l'Ambassadeur le représente encore.

5°. Mais si le crime a été commis par ordre du Maître, il y auroit sans doute de l'imprudence à lui renvoyer l'Ambassadeur, puisqu'on a tout lieu de croire que celui qui a ordonné le crime, n'aura garde ni de livrer le coupable ni de le punir ; on peut donc en ce cas-là s'assurer de la personne de l'Ambassadeur jusqu'à ce que le Maître ait réparé l'injustice commise, & par son Ambassadeur & par lui-même.

Pour ceux qui ne représentent pas la personne du Prince, comme de simples Messagers, les trompettes, &c. on peut les tuer sur le champ, s'ils viennent, par exemple, dire des injures à un autre Prince par ordre de leur Maître.

Mais rien n'est plus absurde que ce que quelques-uns prétendent, que tout le mal que les Ambassadeurs font par ordre de leur Maître doit être uniquement imputé au Maître; si cela étoit, les Ambassadeurs auroient plus de priviléges sur les terres d'autrui, que n'en auroit leur Maître même s'il y venoit, & le Souverain du pays au contraire auroit moins de pouvoir chez lui que n'en a un pere de famille dans sa maison.

En un mot, la sureté des Ambassadeurs doit être entendue de manière qu'elle n'emporte rien de contraire à la sureté des Puissances auprès desquelles ils sont envoyés, & qui autrement ne voudroient ni ne pourroient les recevoir. Or il est certain que les Ambassadeurs seront moins hardis à entreprendre quelque chose contre le Souverain ou les membres d'un Etat étranger, s'ils craignent qu'en cas de trahison ou de quelqu'autre malversation considérable, le Souverain du pays pourra lui-même en tirer raison, que s'ils n'ont à appréhender que le châtiment de leur Maître.

6°. Lorsque l'Ambassadeur lui-même n'a commis aucun crime, il n'est pas permis de le maltraiter, ou de le tuer par droit de *Talion* ou de *Représailles*; car dès qu'on l'a reçu sous ce caractère, on a renoncé par cela même au droit qu'on pouvoit avoir à cet égard.

Inutilement objecteroit-on un assez grand nombre d'exemples de vengeance de cette espéce rapportés par l'histoire; car les Historiens ne racontent pas seulement des actions justes & innocentes; mais on y trouve aussi bien des choses faites contre la justice dans le feu de la colère, ou par quelqu'autre mouvement de passion déréglée.

7°. Ce que l'on a dit jusqu'ici des droits des Ambassadeurs, doit être appliqué à leurs domestiques & à toute leur suite. Si quelqu'un de ses domestiques a fait du mal, on peut demander à son Maître qu'il nous le livre; s'il ne le fait pas, il se rend coupable de son crime, & en ce cas-là il donne droit d'agir contre lui, de la même manière que s'il avoit commis un crime qui lui fût propre & personnel

Un Ambassadeur ne peut pourtant pas punir lui-même ses domestiques ; car ce droit n'étant pas nécessaire au but de son emploi, il n'y a pas lieu de présumer que son Maître le lui ait donné.

8°. A l'égard des biens d'un Ambassadeur, on ne peut pas les faire saisir ni pour payement ni pour sureté par voie de Justice ; car cela supposeroit qu'il relève de la Jurisdiction du Souverain auprès duquel il réside : mais s'il ne veut pas payer ses dettes, on doit, après l'avoir averti, s'adresser à son Maître, après quoi si le Maître lui-même refuse de nous rendre justice, alors on peut saisir les biens de l'Ambassadeur.

9°. Enfin pour ce qui est du droit d'asyle & des franchises, il n'est nullement une suite de la nature & du but des ambassades ; cependant si on l'a une fois acccordé aux Ambassadeurs d'une Puissance, rien ne nous autorise à le révoquer tant que le bien de l'Etat ne le demande pas.

On ne doit pas non plus, sans de fortes

raisons, refuser aux Ambassadeurs les autres sortes de droits, & les honneurs qui sont établis par un commun consentement des Souverains; car alors ce seroit une espéce d'outrage.

Fin de la quatrième & dernière Partie, & du Tome second.

TABLE
DES CHAPITRES
Contenus dans le second Volume.

QUATRIEME PARTIE.

Dans laquelle on traite des différens Droits de la Souveraineté à l'égard des Etats étrangers ; du droit de la Guerre & de tout ce qui y a rapport, des Traités publics & du droit des Ambassadeurs.

Fin de la Table du Tome second.

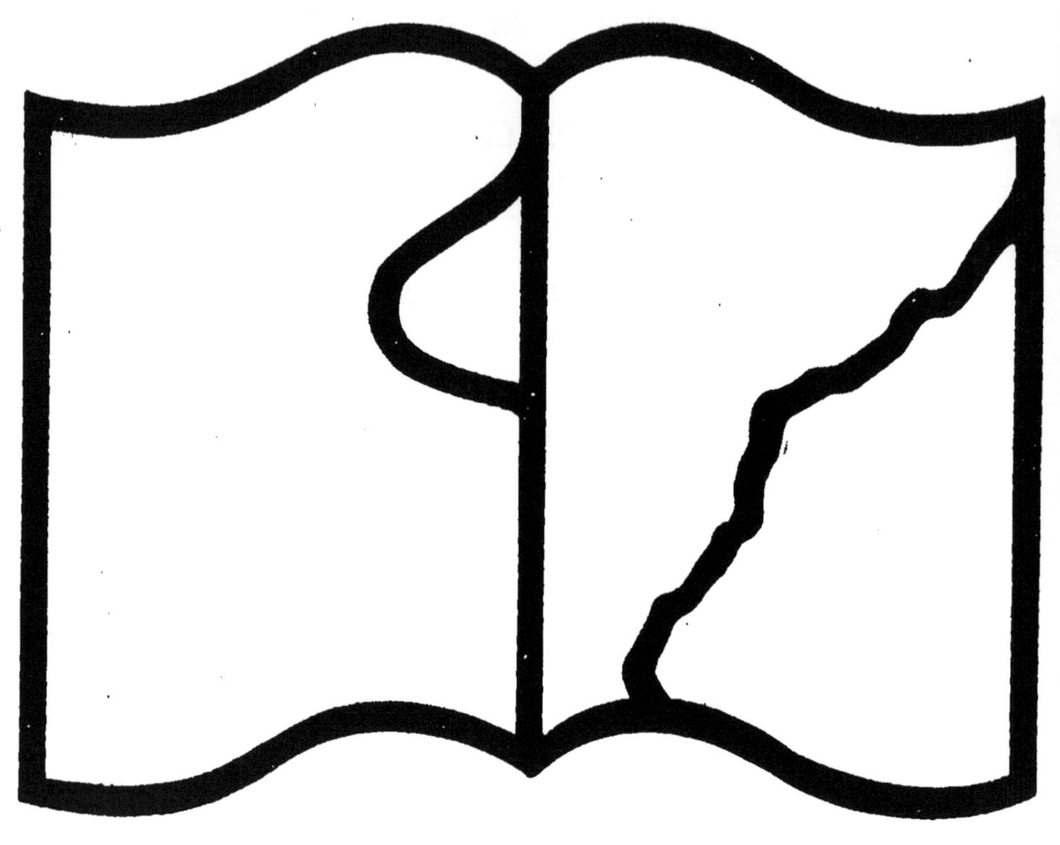

Texte détérioré — reliure défectueuse

NF Z 43-120-11

www.ingramcontent.com/pod-product-compliance
Ingram Content Group UK Ltd.
Pitfield, Milton Keynes, MK11 3LW, UK
UKHW020321230726
13925UKWH00002B/545